# 小学数学
## 教—学—评
## 一致性探索与实践

冯子红　伍秋菊　陈康丽　编著

电子科技大学出版社
University of Electronic Science and Technology of China Press
·成都·

图书在版编目(CIP)数据

小学数学教—学—评一致性探索与实践 / 冯子红，伍秋菊，陈康丽编著. -- 成都：成都电子科大出版社，2025. 2. -- ISBN 978-7-5770-1525-5

Ⅰ. G623.502

中国国家版本馆 CIP 数据核字第 2025KK1210 号

小学数学教—学—评一致性探索与实践

冯子红　伍秋菊　陈康丽　编著

策划编辑　段　勇　李春梅
责任编辑　魏　彬
责任校对　段晓静
责任印制　梁　硕

出版发行　电子科技大学出版社
　　　　　成都市一环路东一段159号电子信息产业大厦九楼　邮编　610051
主　　页　www.uestcp.com.cn
服务电话　028-83203399
邮购电话　028-83201495

印　　刷　成都理想印务有限公司
成品尺寸　185 mm×260 mm
印　　张　13.25
字　　数　305千字
版　　次　2025年2月第1版
印　　次　2025年2月第1次印刷
书　　号　ISBN 978-7-5770-1525-5
定　　价　68.00元

# 序

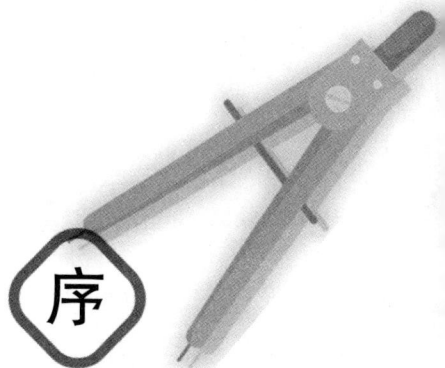

在学科育人的大背景下，我们不得不探讨"儿童数学教学的目标是什么""数学教学活动的本质是什么""怎样发挥评价的育人导向作用"等问题。我们认为"教—学—评"一体化是推动当前教学评价改革的重要抓手，是落实学生学科素养发展的关键环节，是教师实施教学活动的指南，更是教育落实立德树人根本任务的有效举措。

《义务教育课程方案（2022年版）》明确提出："全面推进基于核心素养的考试评价，强化考试评价与课程标准、教学的一致性，促进'教—学—评'有机衔接。"因此，为了凸显素养本位促使学科立场走向育人立场，需要在教学中确立以核心素养为导向的"教—学—评"一致性的课程理念。本书作者既是研究者又是实践者，通过对教学目标、核心学习活动、评价的结构化分析，使教学从线性走向立体，从单一走向多元，从预设走向生成，从离散走向互动。为了方便教师理解"教—学—评"一致性的教学理念、教学方式和评价体系，本书在文字上尽量做到深入浅出、通俗易懂，把作者近两年来学习新课标、践行新课程理念中遇到的重点和难点问题进行了系统梳理，并在每一章中用丰富、真实的案例予以实证。

任秋菊

2024 年 7 月

# 前　言

　　《义务教育课程方案（2022年版）》在课程实施中提出"改进教育评价"，强调要"强化考试评价与课程标准、教学的一致性，促进'教—学—评'有机衔接"。本书从课程主题内容、素养表现和学业要求三个方面，将学生的学习活动、教师的教学策略以及教学评价实现了融合，这就是本书论述的"教—学—评"一致性。本书撰写采用总论与分论的结构，总论对"教—学—评"一致性的内涵、实践意义以及实施路径进行了综述，其余章节则分别就小学数学四大领域和六大主题，从主题内容分析和"教—学—评"整体设计两个方面进行了概述，并列举了22个典型案例进行例证。

　　本书的撰写由冯子红提出整体框架，在充分调整的基础上，与各位作者反复讨论成稿。具体撰写分工如下：

　　第一章总论由金堂县冯子红名师工作室领衔人、金堂县实验小学冯子红撰写。

　　第二章第一节由金堂县实验小学陈康丽撰写，第二节由金堂县实验小学陈莉、段瑞燕共同撰写，第三至五节由金堂县实验小学陈康丽、陈莉、段瑞燕、洪韵、唐玲和金堂县金山小学廖月婷共同撰写。

　　第三章第一节由金堂县实验小学练梦撰写，第二节由金堂县实验小学唐燕撰写，第三至六节由金堂县实验小学练梦、唐燕、吴海燕和金堂县赵镇第二小学杜小菊、陈昌共同撰写。

　　第四章第一节由金堂县金山小学廖月婷撰写，第二节由金堂县金山小学肖雪撰写，第三节由金堂县金山小学廖月婷、肖雪、龚雪、刘羽、周珊共同撰写。

　　第五章第一节由金堂县实验小学冷彦苹撰写，第二节由金堂县赵家小学艾玉琴撰写，第三至四节由金堂县实验小学冷彦苹、金堂县赵家小学艾玉琴、金堂县金沙小学刘平、金堂县淮口实验小学杜鹃共同撰写。

第六章第一节由金堂县赵镇第一小学黄燕撰写，第二节由金堂县赵镇第一小学贺洁撰写，第三至四节由金堂县赵镇第一小学黄燕、贺洁、蔡艳玲和金堂县赵镇第二小学荀航以及金堂县淮口实验小学王又平共同撰写。

第七章第一节由金堂县实验小学邓琴琴和伍秋菊共同撰写，第二节由金堂县金山小学颜敬茹撰写，第三节由金堂县实验小学邓琴琴、罗宇和金堂县淮口第四小学杜蓉共同撰写。

本书前两章的分论由冯子红统稿，第四、五章由伍秋菊统稿，第六、七章由陈康丽统稿。

本书是作者站在教学第一线对"教—学—评"一致性的一次探索与实践，期待能为小学数学教师在课程体系建构、教学实践活动、评价体系改革等方面提供参考。尽管作者对编写体系进行了认真推敲，案例实证也进行了充分的论证，但在理论探索与实践中难免还有不足之处，欢迎广大读者在使用过程中提出宝贵的意见和建议，在此一并致谢。

# 目　录

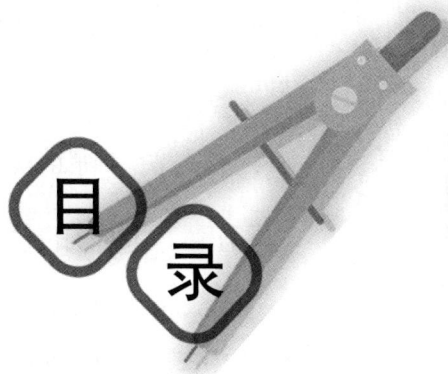

# 第一章

# 总论"教—学—评"一致性

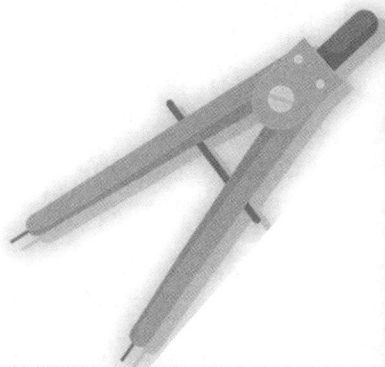

众所周知，教与学是一个有机整体，那么统领这个有机整体的核心是什么呢？我们认为是教学目标。学生是为学习目标而学，教师是为教学目标而教。那么学生学得怎么样？教师的教学效果好不好？我们难以确切知晓，所以教学评价的改革势在必行。

为此，《义务教育课程方案（2022年版）》（简称"新课程方案"）在"课程实施"部分明确指出："全面推进基于核心素养的考试评价，强化考试评价与课程标准、教学的一致性，促进'教—学—评'有机衔接。"增强日常考试的育人意识，注重伴随教学过程中开展评价，捕捉学生有价值的表现。提高作业设计质量，增强针对性，有效减轻学生过重的学业负担。优化试题结构，增强试卷的探究性、开放性和综合性，提高试卷的信度与效度。不难发现，评价改革不仅要从日常考试和作业设计着手推进，还要深入教学过程中的评价，将评价与课程标准、教学统一为一个有机整体。

## 第一节　什么是"教—学—评"的一致性

《论语》中有很多关于教学的思想与方法的论述，如"三人行，必有我师焉""温故而知新，可以为师矣""学而时习之，不亦说乎""知之者不如好之者，好之者不如乐之者"等。现代教育家杜威主张"做中学"，陶行知也主张"行为知先，知行合一"。上述关于教学的思想与方法，不断推动着教育事业的发展。随着人类

社会文明的进步与科技、理念的发展，教学评价改革也在不断深入，"教—学—评"的一致性已经成为推动教育高质量发展、提高教学质量的重要因素之一。

# 一、"教—学—评"的起源

## (一)教与学的关系

教与学是一个有机整体，二者相互作用、互为依存。传统意义上，"教"的主体是教师，"学"的主体是学生。"教"是信息的输出，"学"是信息的输入。随着社会与教育的发展，教与学主体的绝对地位也在发生改变与融合。正如《礼记·学记》所言："教学相长也！"这强调了教与学的相互促进关系，即学生的成长需要教师的帮助和指导，而教师通过反思培养学生成长过程中的教学方式，从而促进自身的专业发展。

## (二)教学与教学评价

1. 什么是教学

关于什么是教学？在教育发展的不同时期形成了多种学派，大致如表1-1所示。

表1-1　教学学派及其主张

| 学派 | 教学主张 |
| --- | --- |
| 知识传递说 | 教师将知识、技能传授给学生的过程 |
| 互动生成说 | 师生之间相互作用、互动交流的过程 |
| 促进发生说 | 促进学生在各方面的发展，不仅是知识的获取 |
| 引导探索说 | 引导学生主动探索知识，培养探索能力的活动 |
| 情境体验说 | 在具体情境中体验和学习，从而理解和掌握知识 |
| 多元目标说 | 是培养能力、塑造价值观和提升素养等的综合性过程 |
| 文化传承说 | 将人类的优秀文化传递给下一代的过程 |

尽管我们难以确定上述关于"什么是教学？"的主张哪种更准确，但有一点是明确的：教学是一种过程或活动，并且这一过程或活动的目标导向是明确的。无论是知识、技能的获取，还是主动探索精神和探索能力的培养，抑或是学习的体验状态、价值观的塑造以及素养的提升，甚至是优秀文化的传承，最终都需要回答教学效果如何的问题，即进行教学评价。

2. 什么是教学评价

教学评价是根据教学目标对教学过程及结果进行价值判断，并为教学决策服务的活动。它是研究教师教学和学生学习价值的过程。评价的标准是课程标准中明确

的学业质量标准，评价的范围包括教师的教学成果和学生的学习效果。评价不仅关注结果，还要在教学过程中进行持续性评价。

为什么要在教学过程中进行持续性评价呢？众所周知，"冰冻三尺，非一日之寒"，评价结果反映了什么？既反映了教师的教学方式，也涵盖了学生的学习状态。如果不及时进行矫正，课后就算补救也无从下手，在教学过程中嵌入持续评价，可以为后续及时调整教学决策提供最佳的目标导向。

综上所述，教学必须有评价的支持。教学评价可以在整个教学过程中实现教与学方式的最优化配置，及时的评价会促使师生进行反思，而反思则能帮助形成教学智慧。因此，《义务教育数学课程标准（2022年版）》（简称"数学新课标"）在"课程理念"部分指出了评价对教学的重要性：评价不仅要关注学生数学学习结果，还要关注学生数学学习过程，激励学生学习，改进教师教学。①

## 二、什么是"教—学—评"一致性

数学新课标在"评价建议"部分指出：要发挥评价的育人导向作用，坚持以评促学、以评促教。②这一原则强调，核心素养导向的评价不再将评价与教学、学习分离，它是在评价改革中始终坚持的原则。

那么，什么是"教—学—评"一致性呢？"教—学—评"一致性是学生收获清晰而积极的学习体验的保障，要求教师的教、学生的学和对学习的评价应该具有一致的目标，即学教一致、教评一致和学评一致。

学科教学一般包括教学内容、教学目标和教学过程三个方面。教学内容是指教师教什么、学生学什么；教学目标是指教师希望达到什么程度、学生学到什么程度；而教学过程则是教师用什么方法教、学生如何学。强调"教—学—评"的一致性是确保学生获得清晰而积极的学习体验的保障，是对学生学习表现状态的深入理解。学习体验是什么？是源自学生内心的心理活动和行为方式。清晰的体验是指对来自外界的信息（如文本、教师、学生）不模糊并且准确地理解；积极的体验则是指对所获取信息的积极反应。有些学生能够处于清晰而积极的最佳状态，比如主动发言、质疑或补充等，而有些学生可能在获取信息时出现较大差距，如注意力不集中或对问题似是而非等，也有学生在获取信息后反应迟缓，如无判断、无结论或沉默不语等。学生能够处于这种清晰而积极的亢奋状态是"教—学—评"一致性期望达成的教学目标，也是学生实现深度学习的具体表现。

在教学目标、教学内容和教学过程这三要素中，主导深度学习的核心要素是哪一个呢？教学内容是根据课程标准规定和教材编排的，而教学目标才是教学的出发

①中华人民共和国教育部. 义务教育数学课程标准（2022年版）[M]. 北京：北京师范大学出版社，2022：3.
②中华人民共和国教育部. 义务教育数学课程标准（2022年版）[M]. 北京：北京师范大学出版社，2022：89.

点与初心，同时也是终点。在教学过程中，教师如何教、学生如何学，这些都需要我们不忘初心。在教学开始前、进行中和结束后，教师都要明确为什么而教，学生也要明确为什么而学。教师要清楚：你要使学生理解什么，让学生掌握什么；学生也要明确：我要明白什么，要了解什么，要掌握什么。只有这样，才能设计出符合上述目标的教学方案，并生成适合目标达成的学习方法。

因此，新课程方案将"教—学—评"一致性确定为课程实施的重要原则之一，课堂教学遵循"教—学—评"一致性的原则具有重要的实践意义。

# 第二节　小学数学"教—学—评"一致性的实践意义

## 一、"教—学—评"一致性的课程实施，更加凸显出教学评价在教与学中的地位与作用

纵观从课堂改革到课程改革的几十年历程，评价改革一直是课程专家与教师关注的热点和难点问题。然而，关键环节"考试评价质量"的提升问题并没有得到根本性的解决。模拟考试和刷题几乎成为绝大多数教师和学生提升成绩的通常做法，教与学都缺乏实质性的改革提升。而"教—学—评"一致性则强调：边教边评，边学边评，评价贯穿教与学的全过程，尤其是将核心素养表现评价嵌入课程和课堂改革之中。

## 二、"教—学—评"一致性的课程实施原则是基于核心素养导向的评价

评价难以真正革新的痛点就在于，零散知识的教学目标一直没有得到真正改变，教学被"考"所绑架：考什么就教什么、学什么。例如，创新精神和实践能力等核心素养成为一句口号。没有素养评价的"学"，学生素养表现无从生根，"有知识没文化"无法为学生的未来奠定基础；没有素养评价的"教"，教师便"只教书不育人"。改革评价内容依然是评价改革的关键所在，只有将素养目标纳入教与学，将学科素养转化为评价任务，评价任务的设计才能成为教师教学设计的重点内容。在这个过程中，不仅要关注学生发展了哪些核心素养，更要关注核心素养达到了怎样的水平和层次，评价的起点和终点都指向发展学生的核心素养。

因此，我们认为：保持"教—学—评"的一致性才能实现从知识本位教学到核心素养本位教学，核心素养评价既是教师教学也是学生学习的一部分，包括作业练习和终结性考试，是整个教学系统的重要组成部分。

### 三、"教—学—评"一致性是基于单元整体教学目标的课程实施理论基础

整体教学作为课程实施的理念，一直频繁见诸各学科教学改革的实践中。例如，语文学科在阅读教学中采用群文阅读的方法，以"学习任务群"整合单元教学。英语教学也提出开展育人导向的单元教学，避免碎片化记忆和单纯操练语言点的知识导向教学。数学新课标在"教学建议"部分指出：应整体把握教学内容，注重教学内容的结构化，重视单元整体教学设计，以促进学生对数学教学内容的整体理解与把握，逐步培养学生的核心素养。①

数学课程目标要求课程实施要立足于学生的数学核心素养，体现数学的育人价值。数学核心素养简称为"三会"，即：会用数学的眼光观察现实世界，会用数学的思维思考现实世界，会用数学的语言表达现实世界。②数学的眼光是否敏锐，思维是否灵活，语言是否准确，这些素养的表现怎么样？评价是关键。这也就是数学新课标的主要变化之一——研制了"学业质量标准"，所依据的就是数学核心素养的发展水平，并结合课程内容整体刻画出不同学段学生数学学业成就应该达到的具体表现，为教师整体把握教学的深度与广度、教学实施和考试评价等提供依据。③这就要求教师在实施教学的前期、中期和后期（包括作业与考试）过程中，把"学业质量标准"这一评价体系牢记在心，融入教学活动的全过程，实现"教—学—评"的一致性。实施整体教学，我们认为是教学生"抱大西瓜"，我们给学生的问题也应是具有现实情境的"大问题"，而不是碎片化的知识点。即使是知识点，也是在学生解决现实情境问题的过程中隐含的一个或多个知识点。学生在这样的整体教学过程中，就不是在"捡芝麻"。

如果没有核心素养导向下的"教—学—评"一致性的保障，"大西瓜"未必抱得到，"芝麻"也未必捡得到。因此，"教—学—评"一致性的课程实施原则是基于单元整体教学目标的理论基础。

## 第三节 小学数学"教—学—评"一致性的实施路径

"教—学—评"一致性也称为"教—学—评"一体化，其核心要义在于：以学业质量标准为核心，使深度学习在课堂中真实地发生。"教—学—评"的活动设计

---

①中华人民共和国教育部. 义务教育数学课程标准（2022年版）[M]. 北京：北京师范大学出版社，2022：85-86.
②中华人民共和国教育部. 义务教育数学课程标准（2022年版）[M]. 北京：北京师范大学出版社，2022：5-6.
③中华人民共和国教育部. 义务教育数学课程标准（2022年版）[M]. 北京：北京师范大学出版社，2022：80.

是从基于课程标准的整体设计开始，到课堂实践全过程都不变的目标追求。数学新课标指出：细化评价与考试命题建议，注重"教—学—评"一致性，增加教学和评价案例。不仅明确"为什么教""教什么""教到什么程度"，而且强调"怎么教"的具体指导，这使得"教—学—评"一体化的实施有了课程标准的依据。如何实现"教—学—评"的一致性，让深度学习在课堂中真实发生？关键在于是否能改变"目标见纸不见心""有目标无评价"以及"评价敷衍"等问题。

## 一、"教—学—评"一致性的系统建构

"教—学—评"一致性的关键在于评价体系的改革，但评价改革成果在几轮课程改革中为何一直未能实质性改变课堂教学？原因在于没有将"教—学—评"作为一个整体教学系统来推进评价改革。通过探索与实践，我们构建了如下的"教—学—评"一致性的实施系统。

本实施系统由三个体系组成，分别是课程体系、评价体系和教学活动体系，如图1-1所示。这三个体系的作用在于形成"教—学—评"一致性的新教案，课堂上所见即为教学活动体系与评价体系之间的交汇与相互作用，其结果是深度学习在课堂中的真实发生与教师专业的不断发展。

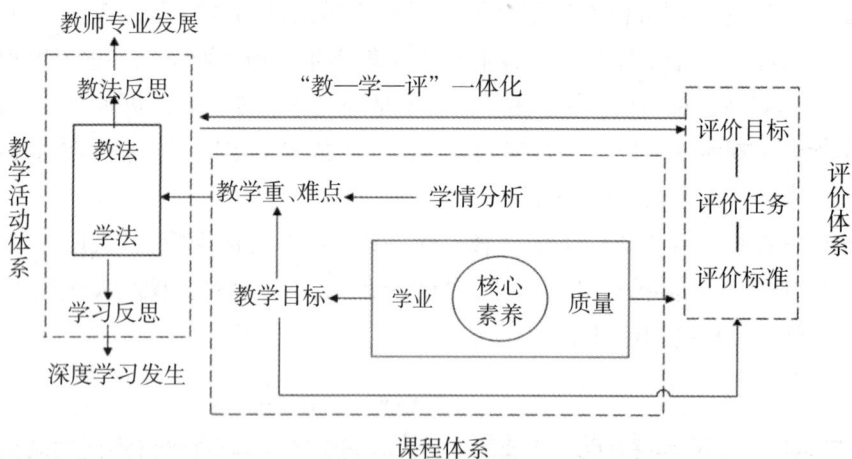

图1-1 "教—学—评"一致性实施系统

研制学业质量标准，是数学新课标依据核心素养发展水平，结合课程内容整体刻画不同学段学生学业成就的具体表现特征，帮助教师把握教学深度与广度，为教师实施教学和考试评价提供依据。借助学业质量标准，"教—学—评"会在立德树人的根本任务中发挥课程的育人作用，教学目标就不会偏离标准的要求，落实学科核心素养、减轻过重学业负担等具体任务就可以生根，真实的学情分析（前测反

馈）也强化了教学重难点的针对性。以此构建的学科课程体系，保障了教师对课标、教材和学生的精准解读，实现了"教—学—评"一致性新教案的科学性与实践性。

由评价目标、评价任务和评价标准构建的评价体系，与前几轮课程改革推行的评价改革不同。通过评价要素加强了评价的针对性和可测性，可以实现教与学的有机统一，也是"教—学—评"一致性新教案的关键操作系统。

"教—学—评"一致性的新教案设计，通过课程体系和评价体系的充分准备，使得教学活动中的教师如何教、学生如何学变得水到渠成。然而，在课堂实际实施中，评价与教学法、学习法会形成一个整体，互为因果，产生交互作用。"教"在评价中会产生新的教学方法，即教学反思；"学"在评价中也会生成新的学习方法，即学习反思。

综上所述，深刻理解课程体系的理念是"教—学—评"一致性实施的核心，强力推动评价体系的改革是"教—学—评"一致性实施的关键，落实教学活动体系是"教—学—评"一致性实施的重点。

## 二、"教—学—评"一致性实施的理论基础

"教—学—评"一致性是数学新课标在课程实施中关于"评价建议"的明确要求，也就是课程实施的原则之一。同时，在"教学建议"中提出：整体把握教学内容——注重教学内容的结构化，注重教学内容与核心素养的关联。[1]因此，无论是数学知识、数学方法与思想，还是数学素养，"教—学—评"的一致性要求必须着眼于学科的整体架构，避免碎片化的教学、碎片化的学习和单一性的评价。尤其是数学素养的评价，应置于跨学科学习活动中，并在解决复杂现实情境问题时考评，才能较好地反映学生的数学素养表现水平。教学内容、教学目标、核心素养表现都应从课标解读中对照学段要求的一致性与阶段性分析，并采取大单元整体规划设计。

在实施"教—学—评"一致性过程中，评估学生是否掌握数学知识、是否真正理解并能应用数学方法与思想来解决实际问题，以及在学习和解决问题的过程中所表现出来的数学核心素养水平，关键在于观察学生的深度学习是否真正发生。无论你设计了怎样的评价任务、制定了怎样的评价标准，也无论你将其嵌入教学或学习的哪个环节，评估的重点在于学生对学习内容的体验和感悟是否具有数学视角，学生在思考数学问题时是否展现出真实而深刻的数学思维，以及在表达解决方案时是否具备清晰的逻辑。

---

[1] 中华人民共和国教育部. 义务教育数学课程标准（2022年版）[M]. 北京：北京师范大学出版社，2022：85.

因此，"教—学—评"一致性的实施是基于整体教学和深度学习理论，使其更具系统性。学生的自主学习和反思学习能力可以提升到更高的水平，结构化教学也能促进教师教学智慧的形成。

## 三、"教—学—评"一致性实施的原则

"教—学—评"一致性的实施，必须坚持如下原则：

（1）深刻的学业质量观、明确的目标导向和坚定的学科育人思想；

（2）评价先于教学活动设计，评价要贯穿教与学的全过程；

（3）教、学、评是一个交融又相互作用的教学系统。

"教—学—评"一致性的课程实施原则是落实新课程方案中关于"全面落实新时代教育评价改革要求，改进结果评价，强化过程评价，探索增值评价，健全综合评价，着力推进评价观念、方式方法改革，提升考试评价质量"[①]的重要措施。评价观念、方式与方法改革如果不做出重大突破，考试评价质量将难以提升。

考试评价质量是指什么？即充分发挥评价的导向功能，也就是"考试"的指挥棒作用，即命题的科学性，是否有利于学生学业成长，是否有利于教与学的改进。考试考什么、怎么考？"学业质量"有明确规定，教师应该具备怎样的学业质量观，尤其是学科素养。新版课程标准公布之前，普遍认为"素养"不可测，但随着"学业质量"标准的制定，开启了"新标准""新课程""新高考"时代。学科素养被纳入"新高考"，教育部已明确要求：无情境不成题，学生学科素养在解决不断变化的"新"情境问题时表现出不同的层次水平。"学业质量"就是"教—学—评"一致性指向的目标导向，这个目标导向旨在促进学生的发展。学会、学好和会学是教学的起点，也是终点。

考试是结果性评价，"教—学—评"一致性要求评价应该贯穿于教与学的全过程，并做到及时性。教学活动的设计是嵌入式的，所以评价应该在设计教学活动之前，依据教学目标和学情分析进行考量。

## 四、"教—学—评"一致性的实施路径

"教—学—评"一致性原则强调的是教学、学习与评价构成一个整体的教学系统，评价使得教学与评价、学习与评价之间相互作用，从而构建起相互关联的教学环节。为实现"教—学—评"一致性目标导向功能的最大化，主要采取以下实施路径。

---

① 中华人民共和国教育部. 义务教育课程方案（2022年版）[M]. 北京：北京师范大学出版社，2022：14.

## （一）采用主题内容整体分析，实现宏观上的"教—学—评"一致性

整体解读课标和教材，做到内容与目标的结构化，从学科本质上把握包括数学知识、数学方法与思想以及核心素养表现的一致性与阶段性的统一。从数学新课标规定的课程目标和内容，到学段目标与内容的表述，再到分册目标与内容要求，最终具体到单元目标与内容，做到纲举目张，使解读先见森林后见树木，最终落实立德树人的根本任务。

## （二）采用"三个基础梳理"，实现"教—学—评"一致性的整体设计

"三个基础梳理"包括：基于目标评价的教学经验梳理，基于目标评价的学习经验梳理，以及基于目标评价的评价方式梳理。在以往的主题教学活动中，教师的教学经验、学生的学习经验和评价经验虽存在，但目标导向未必那么明确，因此有必要进行梳理与总结。

## （三）选取"种子课""转折课"和"生发课"，探索"教—学—评"一致性的具体做法

小学阶段的三个学段内容被规划为"四大领域、六大主题"：数与运算、数量关系、图形认识与测量、图形位置与运动、统计与概率、综合与实践。把握好节点，连贯成线，扎实种下"教—学—评"一致性研究的种子。

## （四）重视典型案例设计，积累"教—学—评"一致性实践经验

（1）用结构化的方式规划主题内容的学科知识板块，从纵向把握"学业要求""内容要求"与"核心素养表现"。

（2）案例设计应以大单元整体教学视角解读内容，建立两个框架，即知识框架与素养框架。

（3）重点课例设计从"课时前测"入手，将"评价设计"前置，把评价置于教学活动设计的全过程。

（4）设计"评价量表"，将评价细化到各教学环节。

评价目标通常来源于教学目标，它们是教学过程中希望学生达到的数学知识、数学方法与思想以及核心素养表现的水平。如何将教学目标分解、细化为更具体、可操作的评价目标呢？评价目标必须具备可测性和便于评价的特点，并明确评价目标的主体是学生。应使用可操作的具体行为动词来表达"学生做到什么程度"。一般表述为：了解（或体验、感悟、懂得）……

　　为了使评价目标更具可操作性，应有针对性地设计评价任务。评价任务需要让学生明确"做什么"和"怎么做"。同时，要确保评价任务与评价目标相匹配。这种匹配关系可以是一个评价目标对应一个评价任务，也可以是一个评价目标对应多个评价任务，或者是多个评价目标融合到一个评价任务中。评价任务通常通过创设任务情境来完成，将情境中的问题设计成一个大任务，以大任务驱动学生学习，并通过学习信息来评估学生的学习结果或水平。

　　为了提高评价目标的可测性，还应该针对每个评价任务设计相对应的评价标准供评价使用。教师通过观察和提问的方式，收集学生在完成评价任务时的表现信息，并进行分析、比较、判断来评估学习结果，因此需要设计评价标准。评价标准一般设计成 3～4 个层次水平，例如"不能（或不会）……""基本能（或会）……""能（或会）……""灵活……"等。

# 第二章

# 数与运算主题

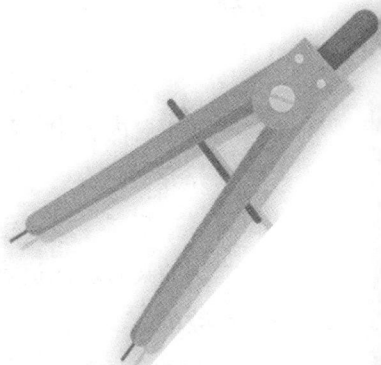

数与代数是义务教育阶段学生学习的重要领域。数学新课标对《义务教育数学课程标准（2011年版）》中的"数的认识"和"数的运算"进行了整合，将"数与运算"作为一个整体，在同一主题下，以数与代数领域的核心内容和基本思想为主线，体现了学科知识的系统化和学生认知的结构化特征。

## 第一节　数与运算主题内容分析

数与运算主题包括对整数、小数和分数的认识及其四则运算。学生在"数的认识"学习过程中，通过真实的生活情境，用具体的数表示物体的个数或顺序，理解数的意义，体会事物间蕴含的数量规律，感悟数的概念的一致性。在学习"数的运算"时，创设真实的问题情境，让学生明确运算的对象和意义，将理解算理、掌握算法作为重点，找到算理和算法之间的关系；同时能够选择合理的运算策略解决运算问题，体会运算的一致性。在这一过程中，能够发展数感、符号意识、运算能力和推理意识等数学素养，以及提出问题、分析问题和解决问题的能力，培养学生的应用意识和创新精神。

### 一、数与运算主题内容概述

数学新课标阐述了数与运算内容的本质特征，结合具体的学习任务，在各学段提出了相应的内容要求、学业要求和教学提示，体现了"数与运算"主题在"教—学—评"一致性中的特点。

第一学段：包括对万以内数的认识，以及整数加法、减法、乘法和除法。在这些主要内容中，涉及的核心概念有数的意义、数位、数的大小、计数单位以及平均分等。

第二学段：包括十进制计数法、分数和小数的初步认识及其加减法，以及多位数的乘除法和运算律。在这些主要内容中，对应的核心概念有数的意义、数位和计数单位。

第三学段：包括小数和分数的意义、小数和分数的运算，以及数的整除。在这些主要内容中，对应的核心概念有数的意义、计数单位和数的性质。

数的意义与计数单位是"数与运算"这一核心概念中的两个最基本的概念，体现了"数的认识"与"运算"的一致性。随着学段的变化，核心概念也从"数位"过渡到"数的性质"，这反映了"数与运算"的阶段性发展。

## 二、数与运算主题的本质理解

"数的认识"和"数的运算"的整合表明二者有着密切的关联。

### （一）数的认识

数是对数量的抽象。从具体的数量到抽象的数，经历了一个漫长的过程。古印度人发明了阿拉伯数字，后来又采用十进制计数法表示自然数。自然数具有基数和序数的性质：基数表示数量的多少，序数表示顺序的先后。例如：15个同学表示学生的数量，而淘气排在第15个则表示顺序。无论15表示什么意义，都用1和5这两个符号，以及计数单位"个""十"来表示。1表示1个十，5表示5个一。如果要表示更大的数，需要更大的计数单位，如"百""千""万"。例如：在1 520中，5表示5个百。我国在大数的计数方法中，规定每4个数位为一级，把万级中的计数单位"万"当作一个新的单位，以此更加方便表达；而当"千万"满十时，再把"亿"当作新的计数单位。可以发现，认识整数的过程就是"满十进一"，一次又一次的"累加"。

分数和小数的出现是"数"的表达向另一个方向的发展。为了能够表达比1小的数，就将一个整体进行平均分，而整体中的"部分"用分数来表示；如果平均分成10份，这个"部分"就用小数表示。有时，为了满足"数"表达的需要，也可以像"满十进一"那样"以十细分"。因此，我们可以认为在"数"的大家庭中，"小数"与"整数"更为亲近，所以二者为了表达方便都有了"数位"这个核心概念。

自然数、分数和小数都是数量的抽象表达。尽管它们在表达数量的意义上有所不同，但在计数单位和计数单位的个数上却表现出一致性。数是对不同情境中数量的抽象表达，同时需要回到具体情境中去解释数量。因此，我们对"数的认识"是从具体中来，并且还要能够回到具体中去，需经历感性具体、感性一般和理性具体三个阶段。

### （二）数的运算

数的运算包含两层含义：一是数量关系的表达，即运算的意义；二是数的计算操作，即计算的方法。运算的意义用于分析和解决问题，计算的方法用于获得数运算的结果。其中：加法是最基本的运算；减法是加法的逆运算；乘法是求若干相同加数之和的简便运算，其本质也是加法；除法是乘法的逆运算，除法本质上是连续减法，只不过减数相同。除法有两种情况：一是连续减去若干个这样的数，结果为0；二是规定次数的减法中每次应减去多少，这两种情况的连续减法就是"平均分"。

因此，我们认为从运算意义上讲，加、减、乘、除运算是一家。数的意义不一样，到具体计算的操作也有所不同，但本质上都是对计数单位的操作，即算出计数单位的个数有多少。计数单位是认识整数、小数、分数的核心概念，"数的运算"是计数单位的"累加"或"细分"。我们通过"计数单位"认识"数"，学会了"计算"，又在"数的运算"中，体验到计数单位在认识不同的"数"时的一致性。计算的方法可以多样化，但算理是一致的，即与数的意义建立联系，体现出数的认识与运算的一致性。

## 三、数与运算的核心素养表现

在数与代数领域，数学新课标不仅对学生学习的数学知识提出了要求，还强调了"三会"核心素养，即：要求学生能够用数学的眼光观察现实世界，能够用数学的思维思考现实世界，能够用数学的语言表达现实世界。与"数与运算"密切相关的核心素养表现主要包括：符号意识、数感、运算能力和推理意识。[①]

### （一）"数感"主要指对数、数量、数量关系及运算结果的直观感悟

对于数的学习，要求能够在真实情境中理解数的意义，能用数表示物体的个数或事物的顺序，从中可以看出数与现实生活的紧密联系。这需要从真实情境中蕴含

---

① 中华人民共和国教育部. 义务教育数学课程标准（2022年版）[M]. 北京：北京师范大学出版社，2022：5-7.

的数量中抽象出数，并能够运用数来表达物体的个数、顺序等。在实际的教学中，"数感"是什么？如何培养学生的"数感"？

1. 数字、位值、数级

小学阶段"数感"的发展始于"数数"，而对数的认识经历了三个阶段：20以内数的认识侧重于"数字"，百、千数的认识侧重于"位值"，较大数的认识侧重于"数级"。在百、千数的认识中，除了能正确读、写数，还需要体验"位值"的概念，理解0~9这10个数字可以组合成更大的数，并领悟"满十进一"的计数过程。在较大数的认识中，"数级"可以形成多个"位值"，"位值"与"数级"相辅相成。

2. 计数单位

计数单位是培养学生数感的关键，不同学段计数单位的表现形式各有不同。尤其在第三学段，学生可能会猜想：分数有计数单位吗？分数的计数单位是什么？分数的运算算理是否也是"计数单位"的操作？虽然数运算的对象改变了，但认识数的方式和数运算的算理并未改变，数的运算就是对计数单位的"累加"或"细分"。有了"计数单位"，认识"数"与"数的运算"就建立起了结构化的一致性，学生的"数感"就会越来越强。

3. 近似数

数是"数"出来的，因此有人认为每一个数都应该对应具体的物象。然而，在第二学段，"近似数"的学习打破了学生的认知建构，原来"数"还可以表示一个区间。这种认知突破对学生来说充满挑战，尤其是在用"数"表达现实情境的必要性上显得尤为重要。

"符号意识"主要指能够理解符号在数学中的功能。了解符号表达的现实意义，能够初步运用符号表示数量、关系和一般规律；理解符号表达的运算规律和推理结论具有普遍性。数学符号有多种分类，按照符号的用途可分为数字符号、运算符号、关系符号、性质符号等。数学符号具有精确性、严谨性和可运算性。在数的认识中，需要用符号来记数，数学符号可以参与运算、表示数量关系。符号意识是形成抽象能力和推理能力的重要基础。

**（二）"运算能力"主要指根据法则和运算律进行正确运算的能力**

（1）能够明晰运算的对象和意义，认识到四则运算源于实际意义的抽象，同时理解四则运算之间的联系，这是正确进行运算的基础。

（2）理解算法与算理之间的关系，以及运算中的问题，并能选择合理简洁的运

算策略解决问题，这是对运算的实际应用。在运算的过程中，能够体会计数单位的作用。

运算能力的发展能够促进学生数学思维的形成，有助于学生培养思考问题的品质，养成严谨求实的探究精神。

### （三）"推理意识"主要指对逻辑推理过程及其意义的初步感悟

能够通过简单的归纳或类比、猜想或发现一些初步的结论，并通过运用法则，体验数学从一般到特殊的论证过程以及在探索如何计算的过程中，有条理地进行猜想和验证，进行思考和表达。

## 四、数与运算主题的教学建议

数与运算主题的教学应整体理解主题的内容结构、核心概念和相关的核心素养，结合不同阶段学生的基础和心理特征，设计有针对性的问题情境，激发学生思考的教学方案。

### （一）注重内容的整体分析

内容的整体分析包括对内容所在单元的全面分析、前后相关内容的关联分析，以及学生学习状况的分析，明确学习内容的学科本质、核心概念，以及核心素养的表现。

### （二）确定指向核心素养的教学目标

在对学习内容和学生学习状况进行整体分析的基础上，确定指向核心素养的教学目标，包括单元学习目标和课时学习目标。教学目标包括基础知识、基本技能、基本思想和基本活动经验等方面，以及发现问题、提出问题、分析和解决问题的能力，特别是核心素养的发展。

### （三）设计深度探究的教学活动

设计教学活动的重点在于选择恰当的问题情境，开展指向理解核心概念的学习活动。可以采用操作、比较、合作、交流等方式组织教学活动，使学生的真实学习活动在课堂中发生。

核心素养导向下的数与运算主题学习，要明确该主题所关联的核心素养，搭建学习内容与核心素养表现之间的桥梁，体会数是对数量的抽象，感悟数的概念的一致性，理解不同运算之间所遵循的共同规律，从而形成初步的数感、符号意识、运算能力和推理意识。

# 第二节 数与运算主题"教—学—评"整体设计

数与运算主题的"教—学—评"一体化设计，包括板块内容分布整体解读、单元内容解读、学情分析、单元规划设计、单元作业设计。数学新课标在"课程实施"部分对"为什么教""教什么""怎么教""教到什么程度"等问题做出了明确的阐释，即目标、教学、评价保持一致性。学习目标是课堂教学的核心，统领学习活动和教学活动。评价不仅仅是对学习结果的简单诊断，还应贯穿于学习结果的形成过程。教学只有在关注过程与结果的关系时，深度学习才有可能真实发生。

## 一、数与运算主题教学经验概述

数与运算主题的教学应做到系统性与直观性、抽象性的统一。通过结构化教学，掌握数学知识、方法和思想的本质。在具体情境和直观操作中理解数的概念和运算的意义，从而达到理解算理、明确算法，并形成数感、符号意识、推理意识和运算能力。

### （一）创设情境，丰富情感体验

通过创设有趣的游戏情境，可以激发学生对数学学习的好奇心和求知欲。例如，将10以内数字的大小比较设计成数学智力游戏，这样学生在以后学习"田忌赛马"时就会联想到扑克牌比大小的游戏，如图2-1所示。

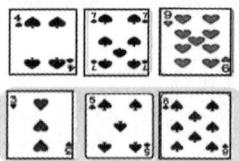

6张牌分为两组，任选一组牌，每次出一张牌比大小，三局两胜

图2-1 扑克牌比大小游戏

### （二）直观操作，强化运算能力

数与运算主题的教学重点应放在理解算理和掌握算法上。可以借助小棒、计数器、格子图、数线图等教具和学具，搭建算理与算法之间的桥梁。在直观操作中，学生能够理解算理、明白算法，并尝试解释算法，从而提高运算能力。

### （三）强化迁移，注重应用比较

数与运算主题内容主要包括整数、小数、分数以及四则运算，运算的本质具有一致性。这为迁移学习奠定了基础，也为发展学生的推理意识提供了途径。例如，整数的加减法算法是通过数位对齐进行加减，本质上是相同计数单位的加减。当学习小数加减法与分数加减法时，可以提问：这些小数（或分数）是由哪些计数单位组成的？学生自然会将相同计数单位进行加减。当进行小数加减的竖式计算时，也会在"迁移"中把小数点对齐；学习"通分"时也会在"迁移"中领悟到其必要性。

## 二、数与运算主题学习经验概述

### （一）在现实情境中提出数学问题，感悟数运算的意义

在现实情境中，数学往往涉及大量的数量信息，而这些数量之间隐含着加、减、乘、除的运算。当学生提出一个数学问题时，他们正在思考这些数运算的意义。例如，在文具店调查文具的价格时：橡皮1.5元，铅笔2.0元，卷笔刀4.5元，书包65.9元，笔袋15.2元。如果问题是：买1个橡皮和1把卷笔刀要花多少钱？这就涉及加法的意义；如果问题是：1个笔袋比1个书包便宜多少钱？这就涉及减法的意义；如果问题是：买1个卷笔刀的钱可以买几个橡皮？这就涉及除法的意义。学生在提出数学问题时，通过数学的视角观察现实情境中的数量关系，并思考运算的意义。

### （二）在操作活动中自主激发源思维

核心素养导向下的运算能力是运算技能与逻辑思维能力的有机整合。它既是一种数学操作活动，也是一种数学思维活动。通过摆一摆、分一分、画一画等操作活动，学生可以理解运算的意义和算理，并在简化表达方法中总结算法。例如，计算9+5=?时，无论学生是使用小棒还是手指，尤其是手指，都会激发学生的源思维：从5根小棒（或别人的一只手中）借1根凑成10（1捆或1双手），再把剩下的合起来。当然，有求异思维的学生可能会将9根手指中的一只手和5根手指的另一只手（或别人的一只手）凑成一双手（10根），再加上自己的4根手指。不论学生如何思考，通过"小棒""一双手"的学具操作，学生"凑十"的源思维就会被自己激发出来。

### （三）在问题解决中增强应用意识

数与运算的学习是解决现实问题的重要数学工具。数学运算能力需要在解决实际问题的过程中得以提高。在这一过程中，不仅可以增强学生的应用意识，还能发展他们的模型意识、抽象思维等数学素养。

## 三、数与运算主题评价方式概述

素养导向下的义务教育评价体系要求我们深刻认识现有考试评价背后的教育理念和学业质量观，建立以素养为导向的评价理念。因此，需要从学业质量观出发，关注学习的过程与结果，借助以下几种评价方式，开展持续性、实时性、真实性、多元化的评价。

（1）采用书面测试、口头测试、课堂观察、课后作业、学情记录等方式。这些方式涵盖了基本的数学概念、运算法则、运算规律等，确保学生能够牢固掌握数与运算的算理和算法。

（2）设计具有挑战性的数学问题。例如：淘气在做一道两位数乘两位数的计算题时，把第一个乘数23误看成了32，结果比正确的积多了99。请问正确的积是多少？再比如一个经典问题：现在有一些散钱，不知道具体数量。用77个单位来分，差50个单位才能凑齐；用78个单位来分，正好分完。请问这些钱的数量是多少？

（3）设计自测评价量表、学生撰写学习日志等方式，可以更好地帮助学生发现自己的优缺点，明确学习方向和目标，并提高自我管理能力。

## 四、数与运算主题单元作业设计概述

数与运算主题的学习旨在培养学生的逻辑思维、运算能力以及解决问题的能力。作业设计的目标是帮助学生全面掌握数与运算的基本概念和基础知识，理解其中隐含的方法与思想，从而提高他们的运算能力。

### （一）设计原则

数与运算主题作业的设计原则主要包括：依据现实情境中呈现的问题进行设计；设计具有层次性和挑战性的作业；设计具有思维含量的作业；确保作业可测评。

### （二）设计模式

数与运算主题作业的设计主要采用基础性练习、问题解决练习、思维拓展练习等模式，以确保学生能够通过完成作业来巩固和深化对数与运算相关基本概念、基础知识、基本方法和基本数学思想的理解与运用。

# 第三节 数与运算主题典型案例：加与减（上、下）

整数加与减知识整体解读如表2-1所示。

表2-1 整数加与减知识整体解读

| 年级 | 学业要求 | 内容要求 | 核心素养表现 |
|---|---|---|---|
| 一上 | （1）在具体的情境中，了解加法、减法的意义。<br>（2）通过独立思考、操作活动、小组合作探索并掌握10以内数的加法和不退位减法，理解算理，并能正确地进行计算 | 10以内数的加法，不退位减法及其应用 | 数感 |
| 一下 | （1）在具体的情境中，进一步体会减法的意义。<br>（2）通过独立思考、操作活动、小组合作探索掌握20以内数的退位减法，理解算理，并能正确地进行计算 | 100以内数的加减法及其应用 | 数感 |
| 二上 | （1）在具体的情境中，进一步体会加法、减法的意义，感受数学与日常生活的紧密联系。<br>（2）通过独立思考、操作活动、小组合作等方式，能读懂数学信息，会分析数量关系，并能解决简单的实际问题 | 100以内数的连加、连减、加减混合运算 | 符号意识 |
| 二下 | （1）通过直观模型的操作活动，能进行整十数、整百数的口算及三位数的加减法的计算。理解三位数的算理，掌握算法。<br>（2）结合具体情境，能提出三位数加减法的问题，并能分析和解决问题 | 万以内数的加减法 | 推理意识 |
| 三上 | （1）在具体的情境中，进一步体会连加、连减的意义。<br>（2）借助简单的直观图，分析理解数量关系，能解决生活中的实际问题 | 万以内数的连加、连减、加减混合运算 | 运算能力 |

→ 【典型案例A】加与减（上）←

## 一、单元内容解读

本单元在理解加与减的意义以及5以内数的基础上，再次体会生活中有很多问题都可以用加减法解决。引导学生在面对一个问题时，学会如何思考，并在独立思

19

考的基础上，尝试用自己的方式表达对数学问题的理解，探索解决问题的思路和方法。通过此过程，学生将掌握10以内数加减计算的算法与算理，为后续逐步理解十进位值制和进行更为复杂的计算奠定良好的基础。具体内容框架如图2-2所示。

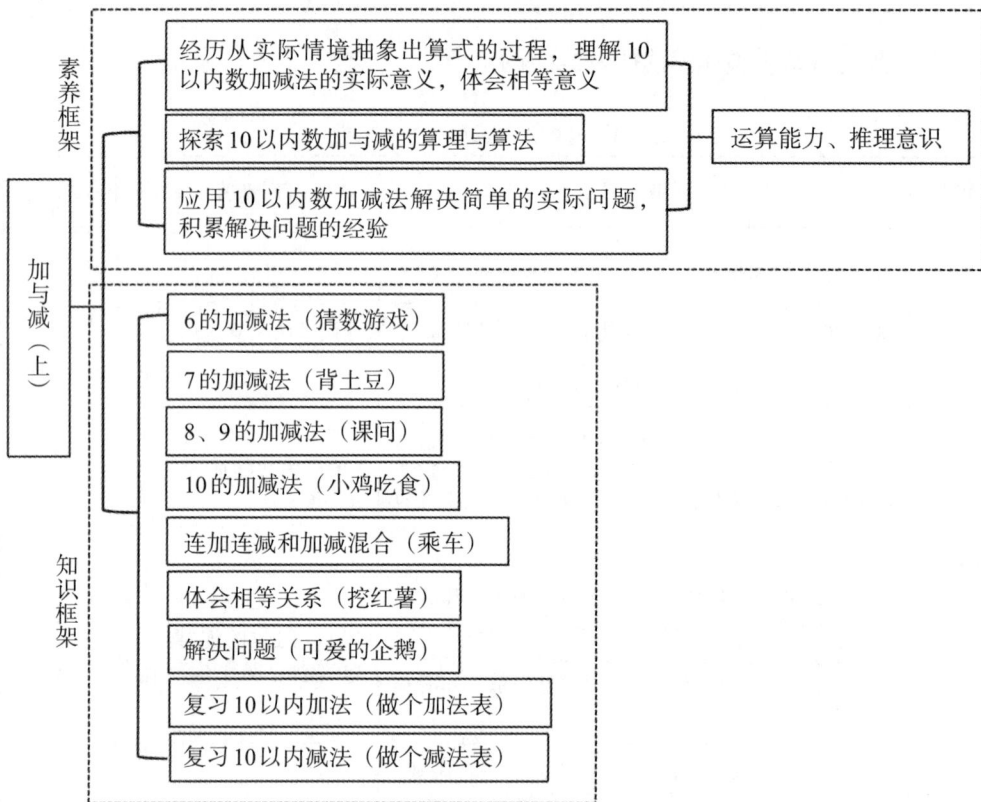

素养框架

经历从实际情境抽象出算式的过程，理解10以内数加减法的实际意义，体会相等意义

探索10以内数加与减的算理与算法

运算能力、推理意识

应用10以内数加减法解决简单的实际问题，积累解决问题的经验

加与减（上）

知识框架

6的加减法（猜数游戏）

7的加减法（背土豆）

8、9的加减法（课间）

10的加减法（小鸡吃食）

连加连减和加减混合（乘车）

体会相等关系（挖红薯）

解决问题（可爱的企鹅）

复习10以内加法（做个加法表）

复习10以内减法（做个减法表）

图2-2　加与减（上）的内容框架

## 二、教材分析

本课时主要让学生理解10以内加减法的实际意义，并体会相等的意义。学生将在经历两个数量动态变化后，感受到"相等"的过程，理解等号表示相等关系的意义，为后续利用等号表示数量关系筑牢根基。

## 三、学情分析

学生已经学习了10以内的加减法、连加、连减以及加减混合计算，并且能够解决一些简单的实际问题。他们对"一样多""多""少"等概念也有了生活经验。一年级的孩子更容易接受形象具体的事物和动手操作活动。

## 四、重点课例设计——挖红薯

### （一）课时前测自评（表2-2）

表2-2 课时前测自评表

| 课时名称 | 前测内容 | 程度 | | | 学生反馈情况 | 统计情况/人 | 前测人数/人 |
| --- | --- | --- | --- | --- | --- | --- | --- |
| | | a | b | c | | | |
| 挖红薯 | （1）填空<br>6+□=9　　8=□+3 | 全队 | 错1个 | 不会做 | a | 52 | 52 |
| | （2）给7只小松鼠分松果，如果每只松鼠要分得1个松果，5个松果够吗？请你画图表示出来 | 能画图解决问题 | 会比大小不会画图 | 不能解决问题 | b | 38 | |

### （二）教学实录

【教学内容】北师大版小学数学一年级上册第四单元第1课时"挖红薯"。

【教学目标】

1. 在"比一比谁的红薯多"的活动中，学习一一对应比大小的方法，培养学生的数感与几何直观意识。

2. 通过画图理解两个量动态变化形成的相等关系，理解相等的意义。

3. 在解决"妹妹想和哥哥的红薯一样多，你有什么办法？"的问题中，鼓励学生用画图、列式等方法表达自己的思考，鼓励学生多用策略解决实际问题。

【教学重点】让学生在具体情境中理解相等的意义。

【教学难点】让学生在解决问题的过程中，理解等号除了可以表示"结果"，还可以表示"两边数量一样多"。

【教学准备】8个红薯磁贴片。

【教学过程】

环节一 情境引入

问题1：比一比，谁的红薯多？

1. 看情境图，说出你观察到的数学信息。

生1：我挖了5个红薯。我想和哥哥的一样多。

生2：哥哥挖了5个红薯，妹妹挖了3个红薯。妹妹想和哥哥的红薯一样多。

2.解决问题。

生1：5比3大，哥哥的红薯多。

（1）许多没有想法的同学就跟着点头，但并不十分清楚是怎么比出来的。

（2）老师拿出红薯贴片，请一个学生上台来摆一摆，给大家看。

（3）学生上台分别摆出哥哥挖的5个红薯和妹妹挖的3个红薯。（没有一一对应）

**师：**怎么样才可以一目了然地比较出来谁多谁少？

（4）学生重新摆红薯贴片，并且一一对应。

**师：**这样一一对应比较的方法，就会很快得出结果。

（5）请学生用〇代替红薯，画一画，比一比。

**环节二　模型建构**

问题2：妹妹想和哥哥的红薯一样多，你有什么办法？

**师：**指着黑板上摆好的一一对应的红薯贴片，提出需要解决的问题。

生1：拿掉哥哥比妹妹多的2个红薯。

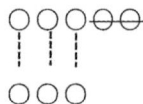

〇〇〇〇〇
┊┊┊
〇〇〇

3=3

生2：妹妹再挖2根红薯就和哥哥的红薯一样多了。

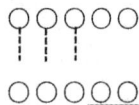

〇〇〇〇〇
┊┊┊
〇〇〇〇〇

5=5

**师：**他们都用自己的办法让哥哥与妹妹的红薯一样多了。请你对比图和算式，想一想，"3=3"与"5=5"，等号两边的数分别表示什么意思？

生3：第一个算式，左边的"3"表示哥哥原来有5个红薯，拿走了2个，还剩3个，右边的"3"表示妹妹有3个红薯。

**师：**如果要和图示一样表示这个过程，则算式应该怎么写才更清楚？

生4：应该写5-2=3，表示哥哥的红薯需要拿走2个才和妹妹的一样多。

生5：第二个算式中，左边的"5"表示哥哥有5个红薯，右边的"5"表示妹妹原来的3个红薯加上后来挖的2个，才和哥哥一样多。

生6：哦，所以这里的算式可以写成5=3+2，这样更清楚。

**师：**你还有其他办法让哥哥和妹妹的红薯一样多吗？

全班学生思考了很久，最终有一个学生走上台，把哥哥的一个红薯片给了妹妹，写出了：4=4

○○○○
○○○○

紧接着，有些学生开始画图，不过有人写出了"4=4"，有人写出了"5-1=4"，还有人写出了"3+1=4"。

○○○○○
○○○○

······

教师在红薯贴片旁边整理板书算式：

○○○○○     $5-1=4$
○○○○      $3+1=4$ $\Big\}4=4$

### 环节三 模型运用

问题2：妹妹折了3个纸飞机，哥哥折了7个纸飞机，妹妹再折几个就和哥哥一样多？

学生开始画"○"图，很快有人写出了算式。

生1：3+4=7，妹妹再折4个就和哥哥的一样多了。

生2：7-3=4，妹妹再折4个。

### 环节四 回顾反思

通过今天的学习，你知道等式可以表示什么吗？

生1：等式可以表示算式的结果。

生2：等式也可以表示左边和右边相等。

生3：等式的两边都可以是算式，也可以是数。

### 环节五 课后测评

1. 根据□+4=7编一个数学问题。

2. 如图2-3所示，用小正方体摆一摆，天平怎样才能平衡？

图2-3 课后测评2

3.关于本案例的评价量表如表2-3所示。

表2-3 "教—学—评"一致性评价量表

| 评价目标 | 评价任务 | 评价标准 |
|---|---|---|
| 唤醒学生的学习经验,运用——对应的办法比较谁的红薯多 | 课堂上关注学生能否比较出谁多谁少,是怎么比较出来的 | (1) 不能正确比较出谁多谁少。<br>(2) 能比较出5个比3个多,但是不会一一对应,不能清楚表达出自己是怎么比出来的。<br>(3) 能够用摆学具和画图的办法一一对应比较出谁多谁少 |
| 在实现"一样多"的过程中,通过调整学具和画图,理解两个量动态变化形成的相等关系,理解相等的意义 | 关注学生能否想到办法让"妹妹的红薯和哥哥的一样多",并清楚地表达出来 | (1) 不能想到"一样多"的办法。<br>(2) 能通过摆学具和画图找到一种方法实现"一样多",不能清楚列式表达。<br>(3) 能够通过摆学具和画图找到一种或几种办法实现"一样多",并且用算式正确地表示出来 |

→ 【典型案例B】加与减(下)←

## 一、单元内容解读

学生在一、二年级已掌握了百以内加减法的意义和计算方法及其简单应用,积累了一定的计算经验。本单元将继续学习三位数的连加、连减、加减混合运算,以及运用这些运算方法解决实际问题,重点是学习万以内数的加减混合运算及其应用。通过现实情境问题的引导,让学生体会大数目加减法在生活中的实际应用,合理选择计算策略,正确进行计算,并养成细心计算和及时验算的学习习惯。具体内容框架如图2-4所示。

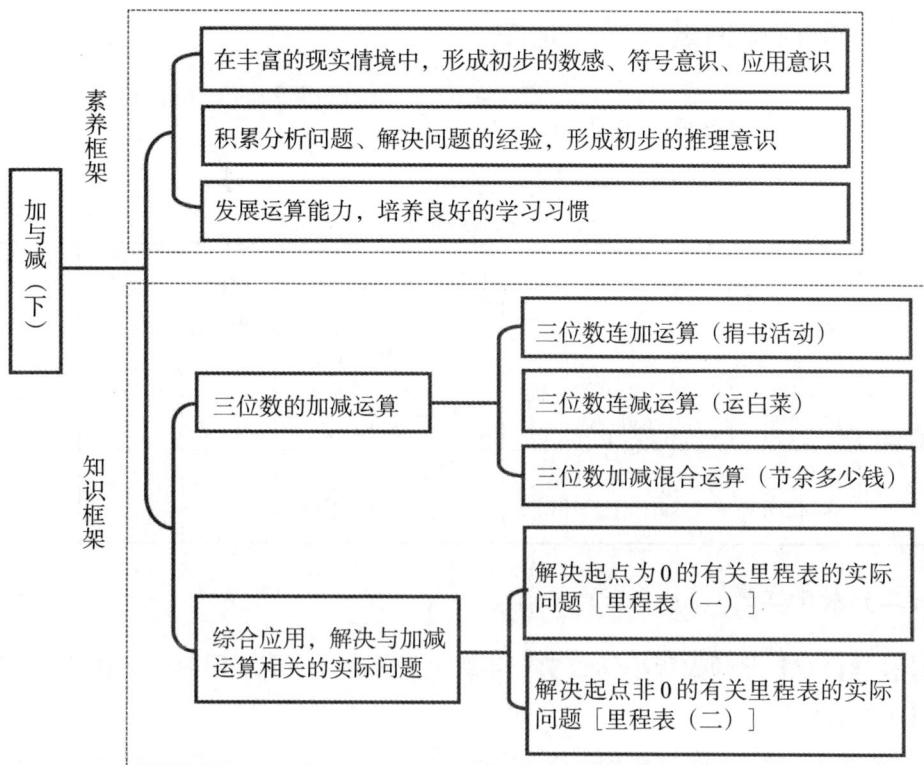

图2-4　加与减（下）的内容框架

## 二、学情分析

在二年级下册，学生已经掌握了三位数加减法的竖式计算规则，并具备了一定的计算策略和分析能力。然而，由于三位数连加时数目较大，计算过程中容易出现错误。因此，本单元旨在通过探索活动帮助学生理解算理，提高计算的准确性，并增强估算的能力。面对大数目的计算，出错在所难免。合理选择计算策略、正确进行口算、及时进行验算是确保计算无误的基础。

## 三、重点课例设计——运白菜

### （一）课时前测自评（表2-4）

表2-4　课时前测自评表

| 课时名称 | 前测内容 | 程度 | | | 学生反馈情况 | 统计情况/人 | 前测人数/人 |
|---|---|---|---|---|---|---|---|
| | | a | b | c | | | |
| 运白菜 | （1）口算<br>790-230=　　125-100=<br>106-100=　　180-120= | 能 | 不太确定 | 不能 | a | 52 | 52 |
| | （2）计算下列各题<br>35+48÷6　　38-18÷3 | 能 | 不太确定 | 不能 | b | 8 | |

### （二）教学实录

【教学内容】北师大版小学数学三年级上册第三单元第2课时"运白菜"。

【教学目标】

1.结合具体情境，亲历自主解决问题的过程，学习并掌握三位数连减的计算方法。

2.进一步认识小括号的作用，能够进行简单的整数加减混合运算（两步）的计算及验算。

3.结合加减混合运算的现实背景，积累从多角度分析数量关系的活动经验，提高独立分析和解决问题的能力。

4.在与同伴交流不同算法的过程中，初步体会计算及解决问题策略的多样性，养成精心计算、及时验算的良好习惯。

【教学重点】探索连减的具体计算方法，能够正确进行计算。

【教学难点】运用连减的相关知识，解决一些简单的实际问题。

【教学准备】多媒体课件、投影、练习本、题单。

【教学过程】

环节一　情境引入

师：秋天是收获的季节。瞧，田野里人们正忙着收白菜呢。（点击出示主题图）

师：你从图中发现了哪些数学信息？

生：从图中我知道了一共收了850棵白菜，第一辆车运走了256棵，第二辆车运走了280棵。

师：观察得真仔细！"运白菜"的情境中也包含着大量的数学知识，今天这节

课我们就一起来探究"运白菜"中的学问。（板书课题：运白菜）

环节二　探究体验

1. 根据数学信息提出问题，探究算法。

师：你能根据这些数学信息，提出一个与减法有关的数学问题吗？

生：运走两车后还剩多少棵白菜？

师：应该怎样计算呢？

学生思考后，与同桌交流各自的想法。

师：谁愿意分享一下你的想法？

生1：可以先计算运走一车后还剩多少棵白菜，从850中减去256；再运走一车，就是再减去280，这样就能算出运走两车后还剩多少棵白菜。

生2：也可以先计算出两车一共运走了多少棵白菜，再计算运走两车后还剩多少棵白菜。

师：你能用自己喜欢的方法算一算吗？

生：能。

教师巡视了解情况，学生尝试自己计算。

师：谁来展示一下你的算法？

生1：我先算第一车运走以后还剩多少棵白菜，再用剩余的棵数减去第二车运走的棵数。

生2：我先算两车一共运走多少棵白菜，再用总量减去两车一共运走的棵数。

师：你能列出算式并算一算还剩多少棵白菜吗？

2. 学生计算并汇报展示。

方法一：连减运算　　　　　　　　　方法二：加减混合运算

$$850-256-280$$
$$=594-280$$
$$=314（棵）$$

$$\begin{array}{r} 850 \\ -256 \\ \hline 594 \end{array} \qquad \begin{array}{r} 594 \\ -280 \\ \hline 314 \end{array}$$

$$850-(256+280)$$
$$=850-536$$
$$=314（棵）$$

$$\begin{array}{r} 256 \\ +280 \\ \hline 536 \end{array} \qquad \begin{array}{r} 850 \\ -536 \\ \hline 314 \end{array}$$

师：你能讲一下连减和加减混合运算的竖式计算方法吗？

生：竖式计算时，相同数位要对齐，从个位开始算，注意进位和退位的计算。连减运算从左往右依次计算；加减混合运算在没有括号时，也是从左往右依次计算。如果有括号，要先计算括号里面的，再计算括号外面的。

3. 找错、改错，总结减少错误的办法。

师：说得很清楚，给你点赞。谁来说说下面两组算式的错误在哪里？你能帮他们改正吗？（点击出示书中两个错题）

$$\begin{array}{r} 850 \\ -\ 265 \\ \hline 585 \end{array} \qquad \begin{array}{r} 585 \\ -\ 280 \\ \hline 305 \end{array} \qquad \begin{array}{r} 256 \\ +\ 280 \\ \hline 536 \end{array} \qquad \begin{array}{r} 850 \\ -\ 536 \\ \hline 326 \end{array}$$

生1：第一道题的错误是把数字抄错了，是256不是265。

生2：第二道题的错误是在计算850−536时，个位上是0减6，而不是6减0，这样倒过来是不对的。

**师**：怎样才能提高计算的正确率呢？你有什么好办法吗？

生1：一定要细心。

生2：算完之后要验算，验算能帮助我们检查出错误。

4.利用加减互为逆运算的关系进行验算。

**师**：你能用刚才学到的方法算一算1 000−372−210，并进行验算吗？

生：能。

学生独立在书上完成。

**师**：谁来说说你是怎样计算和验算的？

生1：我用竖式计算的，先算1 000−372=628，此处计算时需要仔细，有连续退位；再算628−210=418；最后用加法的方法进行验算：418+210=628，628+372=1 000。

生2：我把1 000看成999+1，即1 000−372−210=999−372−210+1，通过计算999−372−210+1来检验原来算式的计算结果，这样计算就没有退位减法的麻烦了。

生3：我们可以用竖式计算，然后利用加减互为逆运算的关系来进行验算。

**环节三　归纳点拨**

**师**：对于三位数连减的计算，你们有什么好的方法？为了保证计算的正确性，我们应该注意什么？

生1：三位数连减可以先将前两个数相减，再减去第三个数；也可以先将后两个数相加，然后用第一个数减去它们的和，记得在运算时加上小括号。

生2：为了保证计算的正确性，我们在计算时一定要细心。计算完成后，可以利用加减互为逆运算的关系进行验算，这样可以帮助我们检查并发现错误。

**环节四　学以致用**

1.用竖式计算。

600−233=　　　　　346+199=　　　　　456−278−132=

368−（168+122）=　　　930−（80+480）=　　　1 000−185−145=

2.完成北师大版小学数学三年级上册第20页"练一练"第1题。

（1）李阿姨买了一件上衣和一顶帽子，付给售货员200元，应找回多少元？

（2）请你再提出一个可以用连减解决的问题，并试着解答。

**环节五　回顾反思**

**师：**通过这节课的学习，你有什么收获？谁来说一说？

学生畅谈收获。

**环节六　课后测评**

1. 用竖式计算并验算。

295－149－118=　　　　　953－345－286=　　　　　704－396－96=

2. 实验小学有761名学生。在秋游活动中，低年级的243名学生去了来宝沱公园，中年级的256名学生去了金山公园，剩下的高年级学生都去爬的玉皇山。爬玉皇山的学生有多少名？（请用两种不同的方法解答。）

3. 编一个生活中能用三位数连减计算的数学小故事，提出数学问题并解答。

4. 关于本案例的评价量表如表2-5所示。

表2-5　"教—学—评"一致性评价量表

| 评价目标 | 评价任务 | 评价标准 |
| --- | --- | --- |
| 能解决连减运算的实际问题 | 运走两车后还剩多少棵白菜？用什么方法计算？ | 学生知道两种解答方法 |
| 能通过找错、改错，总结减少错误的办法 | 说说下面的算式错在哪，你能帮他们改正过来吗？怎样才能提高计算的正确率呢？你有什么好办法吗？ | 学生能找错、改错，总结减少错误的办法，养成认真的学习态度和良好的验算习惯 |
| 会利用加减互为逆运算的关系进行验算 | 你能用刚才学到的方法算一算1 000－372－210，并进行验算吗？谁来说一说你怎样计算和验算的？ | 学生能独立计算并利用加减互为逆运算的关系进行验算 |
| 体验计算及解决问题策略的多样化，养成精心计算、及时验算的好习惯 | 三位数连减的计算，你有什么好方法？为了保证正确率我们要注意什么？ | 会用准确的语言总结三位数连减的计算方法和验算方法 |

# 第四节　数与运算主题典型案例：乘与除

整数乘与除知识点整体解读如表2-6所示。

表2-6　整数乘与除知识整体解读

| 年级 | 学业要求 | 内容要求 | 核心素养表现 |
|---|---|---|---|
| 二上 | （1）在具体的情境中，了解乘除法的意义。<br>（2）通过独立思考、操作活动、小组合作探索并掌握表内乘除法，理解其中蕴含的算理，并能正确地进行计算 | 表内乘除法的运算和应用 | 数感 |
| 二下 | （1）在具体的情境中，进一步体会乘除法的意义。<br>（2）通过独立思考、操作活动、小组合作探索并掌握表内乘除法，理解其中蕴含的算理，并能正确地进行计算 | 利用表内口诀计算乘除法，会解决相关问题 | 符号意识 |
| 三上 | （1）通过直观模型的操作活动，能进行一位数乘除两位数的乘除法，理解其中的算理，掌握其中的算法，并能进行正确计算。<br>（2）结合具体情境，能提出一位数乘两位数的数学问题，并能分析和解决问题 | 乘（除）加、减的两步混合运算，一位数乘两、三位数 | |
| 三下 | （1）在具体的情境中，进一步体会乘除法的意义。<br>（2）通过直观模型的操作活动，探索并掌握两位数乘两位数、两三位数除以一位数的笔算乘除法，感悟从未知到已知的转化；能进行正确计算和应用 | 两位数乘两位数、两、三位数除以一位数的笔算乘除法 | 推理意识 |
| 四上 | （1）在具体的情境中，进一步体会乘除法的意义。<br>（2）通过直观模型的操作活动，探索并掌握两位数乘除三位数的笔算乘除法，并能进行正确计算；能灵活运用相关知识解决生活中的实际问题 | 两位数乘除三位数的笔算除法 | 运算能力 |

→ 【典型案例A】乘法 ←

## 一、单元内容解读

本单元是在学生已经掌握了表内乘法和两位数乘一位数的基础上展开的。学生将继续学习个位是0的两位数和三位数的乘法计算规律、两位数乘两位数的计算方法以及估算方法，以培养他们的估算意识、运算技巧和解决实际问题的能力。具体内容框架如图2-5所示。

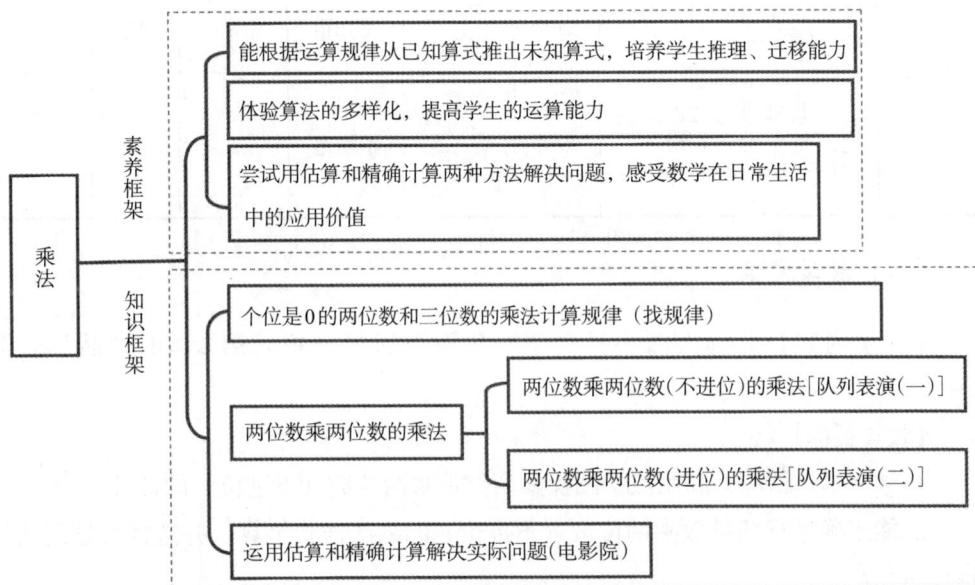

图2-5 乘法的内容框架

## 二、学情分析

两位数乘两位数是在学生学习了表内乘法和两位数乘一位数的基础上进行的。学生已经具备相应的迁移和类推能力，但部分学生在计算过程中仍容易出错，计算经验不足。本单元主要采用独立探究、小组交流、全班汇报等学习方式，重点在于理解两位数乘两位数的计算原理，掌握算法。

## 三、重点课例设计——队列表演（一）

### （一）课时前测自评（表2-7）

表2-7 课时前测自评表

| 课时名称 | 前测内容 | 程度 | | | 学生反馈情况 | 统计情况/人 | 前测人数/人 |
|---|---|---|---|---|---|---|---|
| | | a | b | c | | | |
| 队列表演（一） | （1）计算 16×4、16×40、160×4 | 知道 | 不太确定 | 不知道 | a | 52 | 52 |
| | （2）老师买了28支钢笔，每支钢笔6元，一共花了多少元? | 知道 | 不太确定 | 不知道 | a | 48 | |

### （二）教学实录

【教学内容】北师大版小学数学三年级下册第三单元第2课时"队列表演（一）"。

【教学目标】

1.结合具体情境，利用点子图探索两位数乘两位数（不进位）的计算方法。

2.能正确进行两位数乘两位数（不进位）的乘法横式笔算，并选择合理简洁的运算途径。

3.通过交流各自的算法，体会算法的多样性。

4.激发对计算知识的兴趣，感受数学与生活的紧密联系，培养思维的灵活性。

【教学重点】探索并掌握两位数乘两位数（不进位）的计算方法。

【教学难点】理解不同的计算方法，体会算法的多样性，并能选择合理简洁的运算途径。

【教学准备】多媒体课件、微课视频、学力单等。

【教学过程】

环节一 唤醒计算意识

1.两位数乘整十数的口算乘法练习。

16×30=　17×50=　15×40=　70×22=　50×40=　13×70=

2.想一想，说一说：12可以怎么拆分？

环节二 创设情境导入

师：同学们表现得真棒！现在，老师带大家一起观看一场精彩的队列表演。看！在阅兵仪式上，士兵们排着整齐的队伍向我们走来了。（播放视频）

师：今天这节课，我们将一起探讨队列表演中的数学问题。[板书课题"队列表演（一）"]请大家齐读课题。

生：齐读课题：队列表演（一）。

环节三　探究计算模型

1. 观察点子图，引出数学问题。

师：我们用一个点表示一个人，视频中的队列变成了点子图（出示点子图）。在图中你发现了哪些数学信息？

生：我发现每行有14人，一共有12行。

师：可以提出什么数学问题？

生：这支队列一共有多少人？

2. 理解乘法的意义。

师：怎样列式呢？

生：14×12。

师：为什么要用乘法计算呢？

生：因为是求12个14是多少或14个12是多少，所以用乘法计算。

3. 数形结合，探究算理、算法。

师：这道算式与以前学过的有什么不同？

生：今天学的乘法是两位数乘两位数。

师：你能在点子图上圈一圈、算一算吗？

生：能。

活动要求：

（1）在点子图上圈一圈、算一算。

（2）请将你的方法与同桌交流一下。

生：动手圈一圈，完成后小组内交流自己的方法。

4. 探索计算方法，体会算法的多样性。

师：交流完了吗？谁来说一说你是怎么算的？

生1：我将点子图平均分成两份，先计算其中一份14×6，两份再乘2，所以是14×6×2=168。

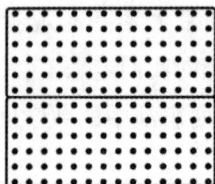

$$14 \times 12$$
$$= 14 \times 6 \times 2$$
$$= 84 \times 2$$
$$= 168$$

**师：** 还有别的分法吗？

**生2：** 还可以将点子图平均分成三份或四份，把12转化为3×4或4×3，所以是14×3×4=168或14×4×3=168。

**师：** 这样转化的目的是什么呢？

**生3：** 这样可以把两位数乘两位数转化成我们学过的两位数乘一位数来计算。

**师：** 刚才同学们都是把点子图平均分，还有其他的分法吗？

**生4：** 我把12分成10和2，先用14×10=140，再用14×2=28，最后把它们加起来140+28=168。

14×12=168
10+2
①14×10=140
②14×2=28
③140+28=168

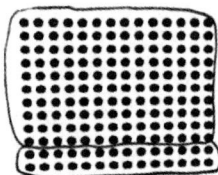

**师：** 12还可以怎么拆？

**生5：** 12还可以拆成9+3、8+4、7+5。

**师：** 哪种拆法最好算呢？

**生6：** 12拆成10+2最好算。

**师：** 除了拆12，还可以拆哪些数呢？

**生7：** 我还可以把14分成10和4。先用12×10=120，再用12×4=48，最后把它们加起来，120+48=168。

**师：** 这是老师的方法，你能看懂吗？请先独立思考，再和你的同桌交流。

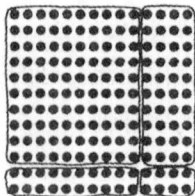

学生独立思考，再和同桌交流。

**师：** 谁来说一说？（学生边说边展示计算过程）

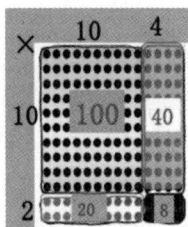

$$10 \times 10 = 100$$
$$10 \times 4 = 40$$
$$10 \times 2 = 20$$
$$2 \times 4 = 8$$
$$100 + 40 + 20 + 8 = 168$$

**生1：**老师把12分成了10+2，把14分成了10+4。

**生2：**老师把点子图分成了4部分，14和12都拆成了整十数和一位数，再两两相乘。也就是10×10=100，10×4=40，10×2=20，2×4=8。

老师根据学生的回答适时板书算式：

**方法一：**14×12=14×6×2=168；

**方法二：**14×3×4=168或14×4×3=168；

**方法三：**14×10=140，14×2=28，140+28=168；

**方法四：**12×10=120，12×4=48，120+48=168；

**方法五：**10×10=100，10×4=40，10×2=20，2×4=8，100+40+20+8=168。

5.进一步理解两位数乘两位数的算理。

**师：**下面的方法你能看懂吗？结合点子图说一说。

14×12

| × | 10 | 4 |
|---|-----|----|
| 10 | 100 | 40 |
| 2 | 20 | 8 |

100+40+20+8=168

**生：**表格法和刚刚老师的分法一样，都是把14和12都拆成整十数和一位数，再两两相乘。也就是10×10=100，10×4=40，10×2=20，2×4=8。

**师：**其实这两种算法是一样的，只是表示形式不同而已。

**师：**通过刚才的交流，我们发现计算两位数乘两位数的方法有很多，但无论是哪种方法，我们都是把未知的知识转化成已学的知识。

**师：**通过刚才的学习，你敢接受老师的挑战吗？

**生：**敢。

**环节四　运用模型**

1.一共有多少箱水果？圈一圈，算一算。

学生独立完成。

2. 算一算。

11×12=　　12×13=

学生独立计算，并说一说计算过程。

### 环节五　回顾反思

**师：**今天这节课你有什么收获吗？

学生畅谈收获。

### 环节六　课后测评

1. 填一填，算一算。

24×12

| × | 20 | 4 |
|---|----|---|
| 10 |  |  |
| 2 |  |  |

13×11

| × | 10 | 3 |
|---|----|---|
| 10 |  |  |
| 1 |  |  |

2. 一共需要多少元？

每支钢笔13元.

我们班有33人，每人买1支钢笔.

3. 关于本案例的评价量表如表2-8所示。

表2-8　"教—学—评"一致性评价量表

| 评价目标 | 评价任务 | 评价标准 |
|---------|---------|---------|
| 理解乘法的意义，独立思考列出算式 | 求这支队列一共有多少人？为什么用乘法做？ | 学生了解题目中提供的数学信息表示份数和每份的数量，理解份数乘以每份的数量等于总数，并且能够通过乘法计算出多个相同数值相加的和 |
| 探究两位数乘两位数的不同计算方法，从圈一圈中抽象出两位数乘两位数的计算原理，体会与同伴合作学习的乐趣 | (1)圈一圈，并说一说14×12=？你是怎样算出结果的？(2)把你的方法和同桌说一说 | 学生将两位数乘两位数转化成学过的两位数乘一位数来计算，将新知识转化成旧知识。借助圈一圈算出结果 |

续表

| 评价目标 | 评价任务 | 评价标准 |
|---|---|---|
| 能够正确地进行两位数乘以两位数（不进位）的乘法竖式计算，并选择合理简洁的运算方法。激发对计算知识的兴趣，体会数学与生活的紧密联系，培养思维的灵活性 | 用喜欢的方法计算<br>11×12=<br>12×13= | 学生可以选择不同的方法来计算出结果 |

## →【典型案例B】分一分与除法←

### 一、单元内容解读

本单元是小学阶段第一次学习除法。教材安排了四次操作活动，以积累"分物活动"的经验，理解平均分的意义。学生能从活动中引入除法算式，并将算式与"平均分"的操作过程和结果结合起来，从而初步理解除法的意义。在解决简单实际问题时，通过实物摆放、画图以及使用乘法口诀求商等方法，促进抽象思维的发展。具体内容框架如图2-6所示。

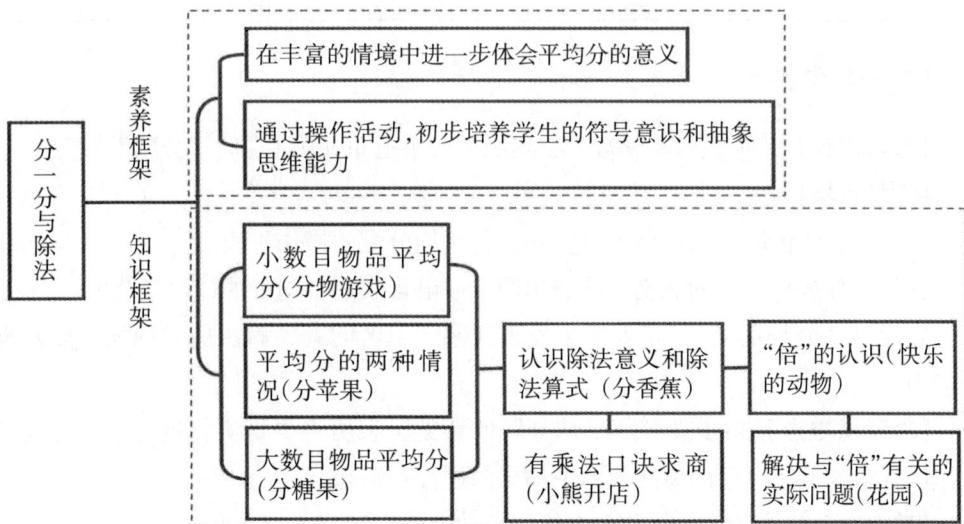

图2-6　分一分与除法的内容框架

### 二、学情分析

"分物游戏"是在学生已经初步理解乘法意义，并掌握了2～5的乘法口诀的基础上进行的教学活动。在日常生活中，学生已经接触过"分"物体的活动，能够平

均分配物体，并会用画图或连线等方式表示平均分。然而，用表格记录平均分以及将平均分的过程和结果抽象成除法算式，对学生来说仍然比较困难。因此，在教学时应创设丰富的情境来帮助学生理解除法的意义，让学生多动手操作、多思考、多表达，从而深入理解除法的本质。

## 三、重点课例设计——分物游戏

### （一）课时前测自评（表2-9）

表2-9　课时前测自评表

| 课时名称 | 前测内容 | 程度 | | | 学生反馈情况 | 统计情况/人 | 前测人数/人 |
|---|---|---|---|---|---|---|---|
| | | a | b | c | | | |
| 分物游戏 | 6个作业本分给2个小朋友，可以怎么分？ | 知道 | 不太确定 | 不知道 | a | 47 | 52 |
| | 你知道什么是"平均分"吗？ | 知道 | 不太确定 | 不知道 | b | 7 | |

### （二）教学实录

【教学内容】北师大版小学数学二年级上册第七单元第1课时"分物游戏"。

【教学目标】

1. 结合具体情境，亲历将少量实物进行平均分配的操作过程。

2. 初步理解平均分的意义，能够用图示或语言表述平均分的过程与结果。

3. 通过"分物活动"，培养学生发现问题、思考问题、解决问题的能力以及操作能力。

【教学重难点】初步理解"平均分"的意义，亲历将少量实物进行平均分配的操作过程，能够用自己的方式表示平均分的过程和结果。

【教学准备】课件、兔子和萝卜板贴、学力单、20根小棒、圆片。

【教学过程】

环节一　情境引入

师：同学们，今天是小狐狸的生日。（课件出示：小狐狸生日图片）它邀请了动物朋友们来参加生日会。我们一起看看都有谁来参加它的生日会吧！谁来了？（出示小猴的图片）

生：小猴。

**师**：咚、咚、咚，又是谁来了？（出示小兔子的图片）

生：小兔。

**师**：咚、咚、咚，这次是谁呢？（出示小狗的图片）

生：小狗。

**师**：小狐狸特别高兴，为朋友们准备了它们最爱吃的食物。（出示图片）现在小狐狸要为朋友们分食物了，可是它有点犯迷糊。你们能帮帮它吗？

生：能。

**师**：那我们今天就一起来学习分物的游戏。（出示课题）

**环节二 模型建构**

1. 初步感知平均分。

**师**：小猴特别馋，它很想吃桃子。我们一起帮小猴分一分桃子吧。（出示主题图）你从图中能找到哪些数学信息？

生：2只小猴，4个桃子。

**师**：把4个桃子分给2只猴子，有哪些不同的分法呢？

生1：一只分1个，另一只分3个。

**师**：有不同的分法吗？

生2：一只分3个，另一只分1个。

**师**：还有不同的分法吗？

生3：每只分2个。

**师**：对比这3种分法，你有什么发现？

生：第1种分法会让第1只小猴很开心，因为它分到的桃子多；第2种分法让第2只小猴很开心，因为它分到的桃子多；第3种分法每只小猴分到的桃子一样多，这样两只小猴都会很开心。

**师**："一样多"这个词用得真好！有2只小猴，我们就把桃子分成2份，每份都是2个，分到一样多。

**师**：像这样，每份分到一样多，我们就说是"平均分"。（教师板书：平均分）

2. 通过直观操作，探究平均分配。

**师**：看到小猴们满意地吃着桃子，小兔子也急着想吃萝卜了。现在帮小兔子分一分萝卜吧！你从图中发现了哪些数学信息？

生：有3只小兔子和12根萝卜。

**师**：全班一起读一读分配的要求，读完后你有什么需要提醒同学们注意的吗？

教师出示分配要求：分萝卜。每只小兔子分到的萝卜数量要一样，每只小兔子分到多少根萝卜？

生：每只小兔要分得一样多。

师追问：一样多是什么意思呢？

生1：每只小兔分到的萝卜数量相同。

师：我们也可以说是……（同时指着"平均分"）

生2：就是平均分。

师：很好，那你打算怎么把12根萝卜平均分给3只小兔呢？我们请学具来帮忙，大家看看活动要求，我请一位同学来读一下活动要求。

活动要求：

（1）用学具表示小兔和萝卜，在桌上把你分的过程摆出来；

（2）边摆边说一说你是怎样分的；

（3）完成后不收学具，做好汇报准备。

师：都听清楚要求了吗？拿出学具，开始行动吧。

学生们先摆一摆，然后同桌相互交流。

师：谁愿意分享一下你的分法？

生1：1个1个地分，分了4次，最后每只小兔分到了4根萝卜。

生2：2个2个地分，分了2次，最后每只小兔分到了4根萝卜。

生3：先3个3个地分，再1个1个地分，最后每只小兔分到了4根萝卜。

生4：4个4个地分，分了1次，最后每只小兔分到了4根萝卜。

师：请大家观察，对比这四种分法，你有什么发现？

生：分的次数不一样，但每次每只小兔分的萝卜数量一样多，最后每只小兔分到的总数也一样多。

师：虽然每个同学分的方法不一样，但大家都是把12根萝卜分给3只小兔，每只小兔都是4根。每只小兔分的萝卜数量一样多，即把12平均分成3份，每份4根，这就是平均分。

师：请大家像老师这样再说一遍。

生：把12平均分成3份，每份4根，这就是平均分。

3.通过符号操作，表述平均分。

师：小兔们也满意地吃起了萝卜，小狗饿得不行，快帮小狗分一分骨头吧！（出示图片）你从图中得到了哪些数学信息？

生：3只小狗、15根骨头。

师：全班一起读一读题目要求，读完后，你有什么要提醒同学们注意的吗？

**出示题目要求**：分骨头。15根骨头平均分给3只狗，每只狗分到几根？

生：平均分（标红）。

师：平均分是什么意思？

生：每只小狗分的骨头一样多。

师：你打算怎样平均分呢？除了用学具摆出分的过程，你还能用其他方法记录你分的过程吗？

生：可以画图记录。

师：我请一个孩子来读读活动要求。

**活动要求**：

（1）用你的符号分别表示小狗和骨头，在题单上画出分的方法；

（2）画完后和同桌说一说分的方法。

师：请大家按要求去完成。

学生在题单上画一画。

师：谁来分享一下你的画法？

学生分法如下图，学生自己说出分法，其他同学判断是否平均分。

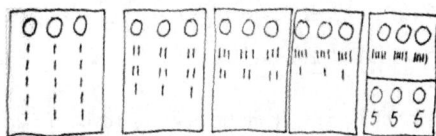

师：同学们真不错，不仅能用图画表示分配的过程，还能准确地用语言表达。老师也画了画，你能看懂我的方法吗？

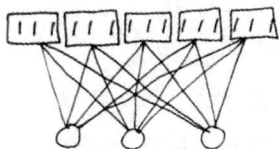

生：能。老师每次拿出3根来分，每只小狗分到1根，老师一共分了5次。

师：你不仅能用图画表示分配的过程，还能理解他人的想法，真了不起！

师：为什么我每次圈3根？

生：因为有3只小狗，要平均分成3份。

师：每次我圈3根，分给每只小狗1根，共圈了5次。每圈一次，每只小狗就得

到1根，所以我圈了5次就说明每只小狗分到5根。其实这种画法和之前的哪一种分法是一样的呢？

生：1根1根分，分了5次，最后每只小狗分到5根的方法是一样的。

师：没错，跟之前1次分1根的方法是一样的，只是记录的方式不一样。

师：你能用画图的方法把分萝卜表示出来吗？

学生尝试用画图法表示分萝卜。

师：小狐狸要谢谢大家帮它的好朋友们平均分到了满意的食物。

环节三　模型运用

1.引导学生用"圈一圈"的方法来分。

师：现在你能用我们今天学到的平均分配的知识来解决下面的问题吗？

生：能。

师：要把这些花插进三个花瓶里，每个花瓶插的花要一样多。每个花瓶应该插几支花呢？你有什么需要提醒同学们注意的吗？

生：每个花瓶要一样多，就是要平均分。

师：你能像我们刚刚分骨头那样，用圈一圈、分一分的方法表示分配的过程吗？你打算怎么圈、怎么分？请完成练习单上的第1题。

师：谁愿意汇报一下你的分法？

生1：每次分3枝花分别到3个花瓶里，每个花瓶分到一枝，一共分3次，所以每个花瓶分到3枝花。

生2：我也圈了3个圈，每个圈里的花对应一个花瓶，第一个圈里的3枝花对应第一个花瓶，第二个圈里的3枝花对应第二个花瓶，第三个圈里的3枝花对应第三个花瓶，所以每个花瓶都插3枝花。

2.引导学生用"圈一圈、连一连"的方法分。

师：要把这些杯子放进柜子里，每层放的杯子要一样多。每层放几个呢？

师：请用圈一圈、连一连的方法表示你分配的过程。你打算怎么圈、怎么分？请完成练习单上的第2题。

学生独立完成，再与同桌交流，最后请学生上台展示并讲述他们的分法。

环节四　回顾反思

师：今天这节课你有什么收获吗？

**环节五 课后测评**

1. 用小棒代替橘子摆一摆，填一填。

18个橘子 平均分成2份，每份有（　　　）个。

平均分成3份，每份有（　　　）个。

平均分成6份，每份有（　　　）个。

平均分成9份，每份有（　　　）个。

2. 请联系今天所学的知识，找找生活中的平均分，并说一说。

3. 关于本案例的评价量表如表2-10所示。

表2-10 "教—学—评"一致性评价量表

| 评价目标 | 评价任务 | 评价标准 |
|---|---|---|
| 感知公平分物，初步体会"平均分" | 能在多种分物方法中找出"平均分" | 学生知道将4个桃子分给2只猴子有多种分法，其中每只猴子各分2个最公平 |
| 亲历直观操作，探究"平均分" | 能将物体通过多种方法"平均分" | 学生能用多种方法平均分配物体 |
| 通过符号操作，表述"平均分" | 能将平均分的过程用符号记录 | 学生能用符号记录"平均分"的过程，能读懂用符号所表示的"平均分" |

# 第五节 数与运算主题典型案例：小数与分数

小数与分数知识整体解读如表2-11所示。

表2-11 小数与分数知识整体解读

| 年级 | 学业要求 | 内容要求 | 核心素养表现 |
|---|---|---|---|
| 三上 | 在元、角、分的情境中描述小数，能比较简单的小数的大小，会进行一位小数的加减运算 | 元、角、分与小数 | 数感、符号意识、运算能力 |
| 三下 | 结合具体情境与直观操作，初步理解分数的意义。学会认、读、写分数，并能够进行简单分数的大小比较。掌握同分母分数（分母小于10）的加减运算，并能够解决相应的实际问题 | 分数的初步认识 | 数感、符号意识、运算能力 |
| 四下 | 进一步认识小数的意义，能正确进行小数加减运算及混合运算 | 小数的意义和加减法 | 数感、符号意识、运算能力、推理意识 |

| 年级 | 学业要求 | 内容要求 | 核心素养表现 |
|---|---|---|---|
| 五上 | (1)结合具体情境理解小数的意义,体会计数单位和运算的一致性,能够正确进行小数的除法及四则混合运算。<br>(2)在具体情境中进一步认识分数。进一步理解分数的意义,以及分数在表示数量上的相对性。分数的基本性质及其应用。在数学学习中,感受数学与日常生活的紧密联系。<br>(3)在平均分物的过程中,探究分数与除法的关系 | (1)小数除法和四则混合运算。<br>(2)分数的再认识及比较大小,分数与除法的关系 | 数感、符号意识、推理意识 |
| 五下 | 在具体情境及直观模型中探索分数的加、减、乘、除法的意义,理解并掌握这些运算的计算方法。通过理解运算的原理,能够较为准确地进行运算 | 分数加减法,分数的乘法,分数的除法 | 数感、符号意识、运算能力、推理意识 |
| 六上 | 具体情境中探索分数混合运算,在情境中理解混合运算顺序和运算律的合理使用,能正确进行运算 | 分数混合运算,百分数的应用 | |

## 【典型案例A】 小数的意义和加减法

### 一、单元内容解读

小数的意义和加减法的内容框架如图2-7所示。

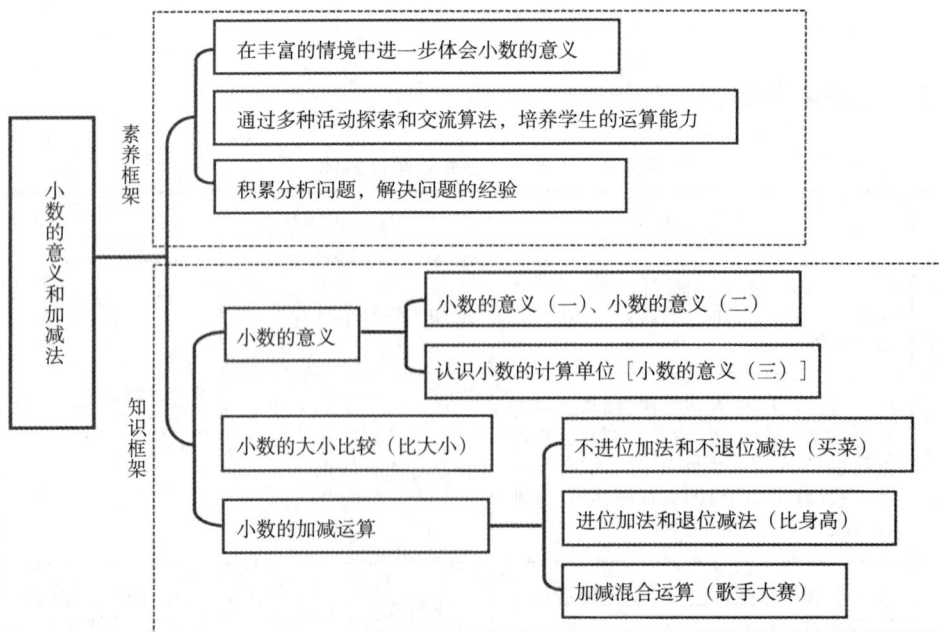

图2-7 小数的意义和加减法的内容框架

## 二、学情分析

在第一学段的学习中，学生借助元、角、分的具体模型，已经初步认识了小数及其简单的加减法，并积累了大量的活动经验，建立起了小数与分数之间的十进制关系。在本单元中，学生将从多个角度进一步认识小数的意义，体会小数的计数单位、数位及相邻两个计数单位之间的十进制关系。

## 三、重点课例设计——小数的意义（一）

### （一）课时前测自评（表2-12）

表2-12　课时前测自评表

| 课时名称 | 前测内容 | 程度 | | | 学生反馈情况 | 统计情况/人 | 前测人数/人 |
|---|---|---|---|---|---|---|---|
| | | a | b | c | | | |
| 小数的意义 | 1角是1元的十分之一，也可以写成小数（　　　）元；1分是1元的百分之一，也可以写成小数（　　　）元 | 知道 | 不太确定 | 不知道 | a | 52 | 52 |
| | 你认为小数有什么特征？ | 知道 | 不太确定 | 不知道 | b | 15 | |

### （二）教学实录

【教学内容】北师大版小学数学四年级下册第一单元第1课时"小数的意义（一）"。

【教学目标】

1. 在初步认识分数和小数的基础上，通过使用面积模型和尺子模型，感受小数并理解小数的意义。

2. 在经历数的概念的形成过程中，认识小数的计数单位，体会计数单位的重要性及相邻单位之间的进率。

【教学重点】理解小数的意义。

【教学难点】理解小数的计数单位及相邻单位之间的进率，并能够进行十进制分数的相互转换。

【教学准备】多媒体课件、面积模型、数线图。

【教学过程】

**环节一　情境引入**

教师出示课件。（橡皮擦0.5元/块，苹果6.98元/千克，故事书23.6元/本）

**师**：请你们读一读这些数字，并说说生活中还有哪些地方用到了小数？

**生**：信息中的数据是小数。

**生**：0.5读作零点五。

**生**：6.98读作六点九八。

**生**：23.6读作二十三点六。

**生**：我还知道一盒牛奶2.5元，一个水杯12.6元。

**环节二　模型建构**

1. 在数线模型中认识一位小数。

**师**：课件出示数线图，并在图中表示出0.7、0.5、0.1。

学生在数线图中独立标出0.7、0.5、0.1。

**师**：像0.1、0.5、0.7都是一位小数。在这些小数中，哪个小数很重要？

**生1**：0.5里面有5个0.1，0.7里面有7个0.1，我认为0.1很重要。

**生2**：一位小数都是由0.1累加而成的，我认为0.1是小数的计数单位。

2. 在面积模型中认识两位小数。

**师出示**：

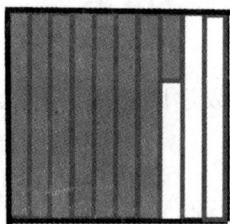

**师**：涂色部分能用0.7表示吗？

**生**：不能。

**师**：你认为涂色部分该用什么数表示呢？

**生1**：用0.71表示。

**生2**：我认为应该比0.7大一点。

**生3**：这个数在0.7与0.8之间，可以把0.7到0.8之间平均分成10份，就能知道涂色部分的大小了。

3. 在操作活动中直观认识0.01。

**师**：你们刚才说到可以把0.7到0.8之间平均分成10份，请大家在图中实际地分一分。

学生独立画图，并在小组内交流。

**师**：涂色部分一共有多少个0.01？

**生1**：把其中的0.1平均分成10份，一份就是0.01，涂色部分大约有71个0.01。

**生2**：把整个图形平均分成100份，一小格是整个图形的百分之一，也就是0.01，我认为涂色部分大约有72个0.01。

**师**：0.71正确还是0.72正确呢？

学生小组交流讨论、汇报。

**生**：要准确地知道结果，我们应该把整个图形看作整体"1"，平均分成100份，涂色部分占了整个图形的72份，就用0.72表示。

4. 在区分不同的"7"中理解"位置"的价值与意义。

**师**：你能在图中涂出0.77吗？

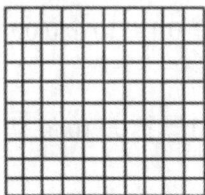

学生独立在图中涂出0.77。

**师**：0.77表示什么意思？

**生**：0.77是百分之七十七。

**师追问**：这两个7表示的意义一样吗？

**生1**：第一个7表示7列，第2个7表示7个小方块。

**生2**：第一个7表示7个0.1，第二个7表示7个0.01。

**师**：像这样的两位小数，你能再说出几个吗？

**生1**：0.66从左往右数，第一个6表示6个0.1，第二个6表示6个0.01。

**生2**：0.99从左往右数，第一个9表示9个0.1，第二个9表示9个0.01，再加0.01就是1了。

5. 在推理中认识0.001。

**师**：一个正方形可以平均分成10份、100份。那么，一个正方体可以分成多少份？

**生1**：可以平均分成1 000份，每份是0.001。

**师**：你能再说一个这样的例子吗？

**生**：0.009，0.713，0.152。

**师**：你能说一说0.999的意思吗？

**生1**：0.999里面有999个0.001。

**生2**：0.999还差一格就可以把整个图形涂满了。

**教师小结**：把一个正方体平均分成1 000份，每份就是整体的0.001。

6. 建立计数单位，认识面积。

**师**：指着板书上的0.5，0.9，0.71，0.77，0.998，这些都是小数，它们分别表示什么意思？

**生1**：0.5表示有5个0.1。

**生2**：0.77表示有77个0.01。

**生3**：0.998表示有998个0.001。

**师**：这些数都是小数，你知道0.1，0.01，0.001它们之间有什么联系吗？

**生**：10个0.1是1，10个0.01是0.1，10个0.001是0.01。

7. 建立小数与整数的联系。

**师**：（课件出示"1"）把"1"扩大10倍是多少？扩大100倍、1 000倍呢？10 000倍呢？

**生**：10，100，1 000，10 000，…

**师**：（板书）10，100，1 000，10 000，…

这些数还能再扩大吗？

**生**：这些数能无限扩大。

**师**：（板书）0.1，0.01，0.001，…这些数能无限缩小吗？

**生**：能。

**教师总结**：我们发现把整体"1"无限扩大可以得到整数，无限缩小则可以得到小数。

8. 感受小数的价值。

**师**：这节课我们认识了小数，你能再举出几个实际生活中运用小数的例子吗？

**生1**：我的身高是1.48米。

**生2**：一本故事书的价格是18.7元。

**生3**：运动员在100米短跑比赛中的成绩是13.48秒。

环节三 模型运用

1. 填一填。

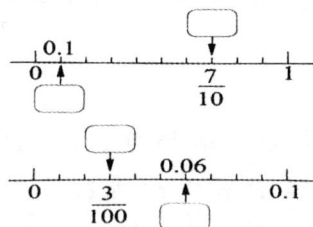

2. 用你喜欢的方法表示下面的小数。

2.1　0.8　1.43

环节四 回顾反思

**师**：说一说，通过今天的学习，你有什么收获？

学生畅谈自己的收获。

环节五 课后测评

1. 下面每个数中的"2"分别表示什么意思？请连一连。

| 3.25元 | 4.32元 | 2.16元 | 0.72米 | 6.29米 |
|--------|--------|--------|--------|--------|
| 2元 | 2角 | 2分 | 2米 | 2分米 |

2. 用3、4、5和"."能组成多少个没有重复数字的两位小数？请把它们都写下来。

3. 关于本案例的评价量表如表2-13所示。

表2-13 "教—学—评"一致性评价量表

| 评价目标 | 评价任务 | 评价标准 |
|----------|----------|----------|
| 利用数线模型认识一位小数，理解0.1是一位小数的计数单位 | 在数线模型中认识一位小数 | 能利用数线模型认识一位小数，能理解0.1是一位小数的计数单位 |
| 在实际操作活动中认识计数单位，理解"位置"的价值与意义 | 认识计数单位，理解"位置"的价值与意义 | 能利用面积模型认识计数单位，理解"位置"的价值与意义 |
| 建立整数与小数的十进关系图，理解小数与整数的联系 | 理解整数与小数的联系 | 能通过画图体会到整数与小数的联系 |

## → 【典型案例B】认识分数 ←

### 一、单元内容解读

从整数到分数是对数的认识的一次质的飞跃，分数在意义和读写方法上与整数存在较大差异，正确认识分数是学习分数加减法的基础。本单元结合具体情境与直观操作，认识分数及分数单位，并掌握同分母分数（分母小于10）的加减法运算。具体内容框架如图2-8所示。

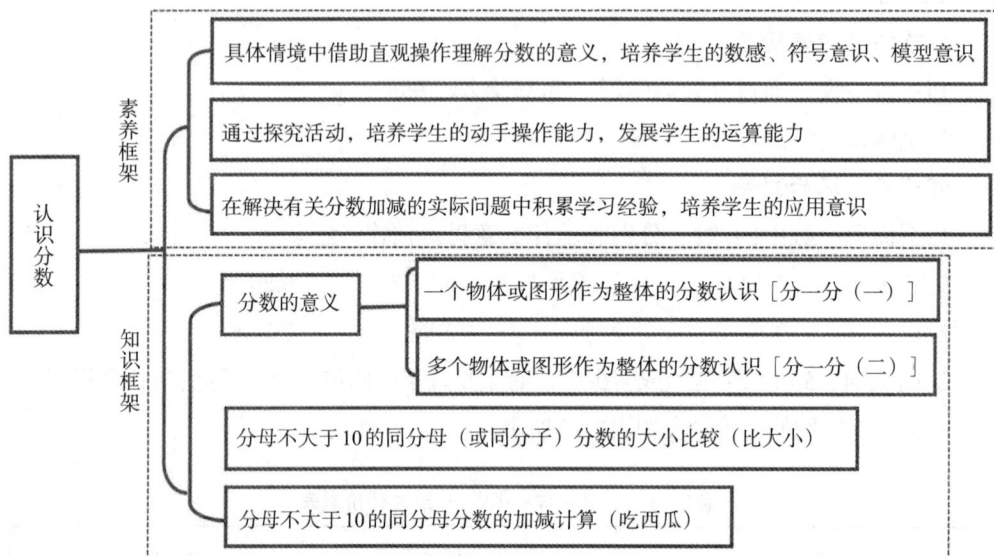

图2-8 认识分数的内容框架

### 二、学情分析

学生之前接触到的都是整数，对计数单位和平均分已有了充分的认识。他们知道将一个物体平均分成两份，其中的一份用"一半"表示，甚至多数学生也知道用"分数"表示。分数所反映的是整体与部分的关系而不是记数，具有较强的抽象性，要从计数单位与平均分出发，并借助直观操作构建对分数的认识，帮助学生形成对分数的正确认识。

## 三、重点课例设计——分一分（一）

### （一）课时前测自评（表2-14）

表2-14　课时前测自评表

| 课时名称 | 前测内容 | 程度 | | | 学生反馈情况 | 统计情况/人 | 前测人数/人 |
| --- | --- | --- | --- | --- | --- | --- | --- |
| | | a | b | c | | | |
| 分一分（一） | 把1个苹果平均分成两份，每一份是多少？怎么表示？ | 能 | 不太确定 | 不能 | b | 45 | 52 |

### （二）教学实录

【教学内容】北师大版小学数学三年级下册第六单元第1课时"分一分（一）"。

【教学目标】

1. 在生活情境中，通过直观操作，初步形成分数的概念，理解分数的意义，体会学习分数的必要性。能够读、写分数，了解分数各部分的名称。

2. 通过折一折、涂一涂等活动，结合面积模型表示简单分数。

3. 在生活情境中，结合直观操作与面积模型，建立分数的形象，认识分数的本质，体会学习分数的价值与意义。

4. 通过操作活动，培养学生的数感、符号意识、推理意识，渗透"数形结合"的数学思想。

【教学重点】理解分数的意义，以及同分母分数加减的计算原理和方法。

【教学难点】理解分数的意义。

【教学准备】课件、彩笔、彩色卡纸、实物投影仪。

【教学过程】

环节一　问题导入

师：（出示主题图）把4个苹果分给淘气和笑笑，你想怎么分？

环节二　模型建构

1. 理解平均分的含义。

师：2个苹果平均分给淘气和笑笑两个小朋友，每人分几个？

生：1个。

师：1个苹果平均分给淘气和笑笑两个小朋友，每人分几个？

生：每人分不到1个苹果。

师：那每人分到多少个苹果?

生：每人分到半个苹果，也就是这个苹果的一半。

师："一半"。（板书）

2. 初步感知，妙笔画一半。

师：一半到底是多少呢?请你用喜欢的方式画一画。

学生动手画一画，并说一说。

师：你是怎么表示一半的呢?

学生展示作品，并讲解。

师：刚才同学们的回答中哪个词语很重要?

生：平均分。

师：为什么是平均分?

生：平均分才公平。

师：平均分如此重要，我要把它记录下来。（板书"平均分"）

师追问：这个苹果平均分成了几份?

生：平均分成了两份。

师：其中的一份就是这个苹果的一半。一半该用什么表示呢?

生1：我用0.5表示一半。

生2：我用 $\frac{1}{2}$ 表示一半。

师：$\frac{1}{2}$ 是一个分数。这节课我们就一起来认识分数。

3. 再次感知，巧手折 $\frac{1}{2}$。

师：刚才我们画出了心中的一半，也就是 $\frac{1}{2}$，如果老师给你一张纸，怎样才能折出并表示出 $\frac{1}{2}$?

学生动手折出一张纸的 $\frac{1}{2}$，展示汇报。

生：我先把这张纸对折，平均分成2份，涂了其中的一份，涂色部分就可以用 $\frac{1}{2}$ 表示。

4. 构建模型，分别涂出图形的 $\frac{1}{2}$。

**师**：请你分别涂出下面图形的 $\frac{1}{2}$。

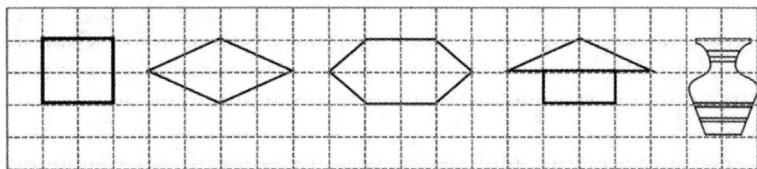

学生动手分别涂出图形的 $\frac{1}{2}$。

全班展示汇报。

**师**：这些图形的形状都不一样，涂的大小也不一样，为什么都能用 $\frac{1}{2}$ 表示呢？

**生**：因为它们都是平均分成两份，涂了其中的一份，就是整个图形的 $\frac{1}{2}$。

**师**：分数真是神奇呀！同样一个分数，可以表示出不同的图形。

**师追问**：涂色部分是这个图形的 $\frac{1}{2}$，那空白部分呢？

**生**：空白部分也是这个图形的 $\frac{1}{2}$。

**师**：你能说说 $\frac{1}{2}$ 表示的意义是什么吗？

**生**：把一个图形平均分成两份，涂其中的一份，涂色部分就是这个图形的 $\frac{1}{2}$。

5. 运用模型，创造分数。

**师**：刚才我们学会了怎样表达 $\frac{1}{2}$，难道这张纸片只能平均分成两份吗？还可以平均分成几份？

学生用折一折、涂一涂、画一画的方式创造出其他的分数。

**生1**：平均分3份。

**生2**：平均分4份。

**生3**：平均分5份。

……

**师**：请你用折一折、涂一涂、画一画的方式创造出其他的分数。

学生创造分数进行板贴，展示汇报。

6. 教学分数的认、读、写法。

**师**：像这样的 $\frac{1}{2}$、$\frac{3}{4}$、$\frac{3}{8}$、$\frac{2}{3}$ 都是分数。把一个整体平均分成若干份，表示其中一份或几份的数，就叫分数。

**师**：$\frac{1}{2}$ 这条短横线叫分数线，表示平均分；2是分母，表示平均分的份数；1是

分子，表示涂的份数。$\frac{1}{2}$ 读作二分之一，请大家一起读一读。

学生齐读二分之一。

**师：** 那分数 $\frac{1}{2}$ 又该怎么写呢？

**生：** 我觉得应该先写分数线，再写分母，最后写分子。

**师：** 你的回答真棒！你能再写出一个分数，给同桌介绍一下它的名称和意义吗？

学生写分数，并与同桌交流。

**环节三　思维辨析**

1. 蓝色部分都是图形的 $\frac{1}{2}$ 吗？请说一说理由。

2. 用分数表示下面各图中的涂色部分，并读一读。

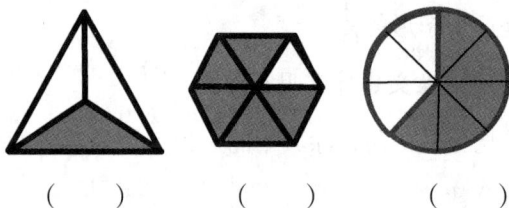

（　　　）　　　（　　　）　　　（　　　）

3. 根据下面图形创造自己喜欢的分数，并说出分数意义。

**环节四　回顾反思**

**师：** 说一说今天我们学习了什么，有什么收获。

学生畅谈收获。

**环节五　课后测评**

1. 阴影部分各占下面图形的几分之几？

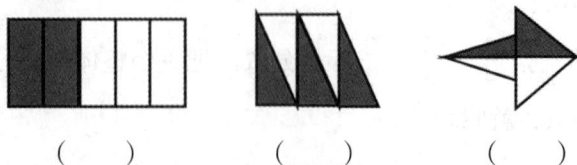

（　　　）　　　（　　　）　　　（　　　）

2. 找一找生活中的分数，用自己喜欢的方式表示出来。

3. 关于本案例的评价量表如表2-15所示。

表2-15　"教—学—评"一致性评价量表

| 评价目标 | 评价任务 | 评价标准 |
|---|---|---|
| 借助生活实际情境及直观模型认识分数$\frac{1}{2}$ | 认识分数$\frac{1}{2}$ | 学生能在动手操作中认识分数$\frac{1}{2}$ |
| 借助具体情境、面积模型、探究分数的意义 | 探究并理解分数的意义 | 学生能在情境中，利用面积模型了解分数产生的必要性，能理解分数的意义 |
| 进一步理解分数的意义，能够根据具体情境创造分数，并正确读写分数，了解分数各部分的名称。培养学生主动探究和合作交流的意识与能力，激发学习数学的兴趣 | 根据不同情境创造不同的分数，读和写分数，并说出这些分数各部分的名称，从而体会分数变化的多样化 | 学生能够通过多种操作方式创造分数，能够读、写分数，并能说出分数各部分的名称。同时，他们还能够解释自己创造的分数的意义 |

# 第三章

# 数量关系主题

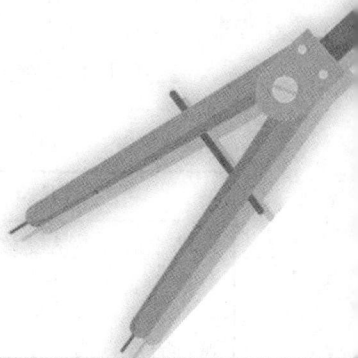

随着数学新课标对学段的调整，数与代数领域的内容也发生了相应的变化，"数量关系"被单独列为一个学习主题。在基础教育阶段，其重要性不仅在于帮助学生构建对数的基本认知，整体上理解和把握以数量关系和问题解决为重点的内容，还在于促进学生问题解决能力的培养，为后续的数学学习奠定坚实的基础。

## 第一节　数量关系主题内容分析

数量关系主题内容分析将从以下三个方面进行阐述：单独划分的原因、主要内容以及素养表现。

### 一、"数量关系"主题的设立原因

与解决问题相关的内容，如常见的数量关系、运用四则运算解决问题、公式与方程等，都以不同形式分散在各个知识板块和学习单元中。这使得解决问题相关内容的学习变得零散和碎片化，难以突出运用数量关系解决问题的重点，不利于整体把握这些内容的实施。

在数学新课标中，我们常在"数学广角""数学好玩"和"解决问题策略"中明确感受到解决问题的学习要求方法和路径，这也就增加了对数量关系分析理解的难度。作为运算单元教学的一部分，数量关系的分析和引导往往因教师水平的不同而参差不齐。通常，只有对教学深有研究的教师才会在运算教学中重视解决问题的要素分析。

数学新课标将"数量关系"单独列为一个学习主题，这对于数学学科而言，更能体现数学作为研究数量、结构、变化等概念的学科本质；对于数学教学而言，有利于教师整体把握"数量关系"的相关内容，提高学生用数学语言表达现实世界和解决问题的能力。

## 二、"数量关系"主题的主要内容

数学新课标指出："数量关系主要是用符号（包括数）或含有符号的式子表达数量之间的关系或规律。学生通过在具体情境中运用数量关系解决问题的过程，体会加法模型和乘法模型的意义，提高发现和提出问题、分析和解决问题的能力，形成模型意识和初步的应用意识"。

"数量关系"的主要内容包括：常见的数量关系、运用四则运算的意义解决问题、估算、从数量关系的角度理解用字母表示关系和规律、比和比例及基本事实的"等量的等量相等"，如表3-1所示。

表3-1　"数量关系"的主要内容

| 主要内容 | 内容分析 | 新课标变化 | 阶段性表现 |
|---|---|---|---|
| 常见的数量关系 | 加法模型、乘法模型，及其变式 | 在"总价=单价×数量、路程＝速度×时间"两个乘法模型的基础之上，增加了"总量=分量+分量"的加法模型 | 第一学段：在熟悉的生活情境中，合理表达简单的数量关系。第二学段：在具体的情境中，认识常见数量关系：总量=分量+分量、总价=单价×数量、路程＝速度×时间，能利用这些关系解决简单的实际问题。第三学段：能运用常见的数量关系解决实际问题，能合理解释结果的实际意义，逐步形成模型意识和几何直观，提高解决问题的能力 |
| 运用四则运算的意义解决问题 | 加减乘除四则运算的意义是进行数的运算的根据，数量关系也是在加减乘除意义上的情境化衍生 | 将四则运算与加法模型和乘法模型建立联系 | 在简单的生活情境中，运用数和数的运算解决问题，能解释结果的实际意义，形成初步的应用意识 |
| 估算 | 指向"估计"以及"选择适当的单位"两方面进行简单估算 | 新课标将"估算"从"数的运算"调整到"数量关系"，将"估算"作为解决问题的策略之一 | 第一学段：强调在具体情境中选择合适的单位。例如，在估计教室长度时，通常选择"米"作为单位；在估计课本长度时，通常选择"厘米"作为单位。第二学段：在解决问题的过程中，能够结合具体情境，选择合适的单位进行简单的估算，体会估算在生活中的作用。第三学段：在解决实际问题的过程中，能够选择合适的方法进行估算 |

| 主要内容 | 内容分析 | 新课标变化 | 阶段性表现 |
|---|---|---|---|
| 用字母表示关系、性质和规律 | 用字母表示既是数的进一步抽象，又可以用字母将数量关系做一般化表达。加法模型、乘法模型、运算律、计算公式都可以用字母表示 | 将字母表示的内容调整到了第三学段 | 第三学段：在具体情境中，探索用字母表示事物的关系、性质和规律的方法，感悟用字母表示的一般性 |
| 比和比例 | 比是两个数量的倍数关系的表达，也可以用乘法模型来理解，也是一种数量关系 | 反比例内容调整至初中阶段 | 第三学段：在实际情境中理解比和比例以及按比例分配的含义，能解决简单的问题；通过具体情境认识正比的量；能探索规律或变化趋势 |
| 基本事实的"等量的等量相等" | 初步的代数思维 | 新增加的内容 | 第二学段：能在具体情境中了解等量的等量相等 |

## 三、"数量关系"主题的素养表现及其概述

如何将核心素养的培养落实到课程内容的教学过程中呢？我们认为，非常需要对核心素养的内涵进行深刻分析。在数量关系主题的学习中，重点在于发展学生的模型意识、应用意识、符号意识和推理意识。

"模型意识"主要是指对数学模型普适性的初步领悟。学生在学习过程中，将零散的、割裂的数学知识和学习经验进行结构化整理，在整理的过程中感悟事物之间的关联性，发现某些事物关系的共性和规律，并能以一致的方法解决问题。例如，在利用加法解决问题时，学生可以在大量的情境中将问题大致归类为"部分—整体""添加型""拿走型"和"比较型"几种类型。在综合对比中，实际上都是已知"分量"求"总量"，因此都归属于加法模型，即"分量+分量=总量"。常见的数量关系如"总价=单价×数量"和"路程=速度×时间"，求总价和路程实际上都可以归结为"每份数×份数=总数"，这都是乘法模型的具体应用。模型意识是学生思维结构化发展的结果，也是学生解决问题能力提升的体现。

"应用意识"主要指有意识地利用数学的概念、原理和方法解释现实世界中的现象和规律，解决现实世界中的问题。学习数学知识的最终目的是解决问题，而有意识地将数学知识与实际生活结合起来，并应用数学知识解决问题，是一项非常重要的学习能力。学生能够自觉用数学的眼光观察现实世界，主动运用数学思维思考现实问题，积极用数学语言表达现实情况，这些都是学生应用意识萌发和发展的表现。学生在应用数学知识解决问题的过程中，能够感受到数学学习的应用价值。

　　"符号意识"主要是指能够领悟符号的数学功能。在字母表示关系、性质和规律的内容中，领悟符号表达的普遍性，为数学抽象和一般化提供了路径。在大量问题情境中，具有规律性和共性的数量关系需要用符号来表示，以突出关系、性质和规律的一般化，而这正是代数思维的核心。例如，"$a+b=b+a$"能够符号化所有"加数和加数交换位置，和不变"的算术情境。

　　"推理意识"主要是指对逻辑推理过程及其意义的初步理解。在推理过程中，需要准确把握已有信息，并在问题驱动下对信息进行整理和分析，然后主动地解决问题。在这个过程中，不仅是学生对已有知识和经验的综合应用，也是学生运用思维解决问题的体现。推理意识是推理能力形成的初始阶段，是提升思维品质的关键。

　　在数量关系的教学中，应引导学生立足于真实的现实问题情境，经历发现和提出问题、分析和解决问题的过程，将问题情境中的规律和事物关系的共性进行符号化表达，并应用适合该问题情境的数学模型进行解决。总之，学习数量关系的主题，有助于提高学生解决问题的能力。

# 第二节　数量关系主题"教—学—评"一致性整体设计

　　数量关系是数与代数领域的主题内容之一，涵盖了数的比较、运算法则及数量间的内在联系。在本主题的教学设计中，通过探索数量关系，锤炼学生的数学思维和解决问题的能力，并借助及时有效的评价动态调整教学策略，以促进学生全面且个性化地发展。

## 一、数量关系主题学生活动经验概述

　　分析问题情境、厘清数量关系、解决数学问题是学生在数量关系主题学习中体现数学观察力、数学方法与思维的具体表现。

### （一）直观感知

　　通过实物、图形等直观模型的操作与观察，理解数量之间的关系。例如，使用小棒表示加数，以理解加法的运算意义。

### （二）实际应用

　　在解决日常生活中的问题时，理解问题背景中的数量关系，如购物时计算价

格、活动时计算时间等。

### （三）交流讨论

与同学交流讨论数量关系，从不同的角度思考和理解问题。

### （四）画图分析

利用线段图、示意图等图形工具，分析和理解数量关系。

## 二、数量关系主题的教学经验概述

### （一）以生活情境导入

将数量关系的教学与学生熟悉的生活场景相结合，例如购物、分水果、排队等情境。

### （二）用直观教具演示

使用实物、图片、模型等直观教具，将抽象的数量关系直观化。例如，用小方块表示物体个数，用线段图表示路程问题中的距离和时间关系。

### （三）优化解决问题的策略

采用画图、列表、假设和倒退等策略，帮助学生更好地理解数量之间的关系。

### （四）关注数学思维的发展

在分析数量关系的过程中，发现学生是如何思考问题的。

## 三、数量关系主题评价方式概述

数量关系主题评价方式具有以下特点。

### （一）直观性

数量关系通常通过各种情境呈现，评价方式也多借助直观的事物、图形或具体情境，以帮助学生理解和表达数量关系。

### （二）趣味性

由于小学生在阅读理解文字表达的数量关系时容易感到疲劳，评价方式通常采

用富有趣味的游戏、竞赛等形式进行。

### （三）过程性

数量关系通常隐藏在解决问题的过程中。评价不仅关注最终答案的正确与否，更重视学生在解决数量关系问题时的思考步骤、方法选择以及尝试改进的过程。

### （四）生活化

将数量关系与日常生活紧密结合，评价中会出现大量基于生活场景的问题，以检验学生能否将所学的数量关系知识应用到实际生活中，解决实际问题。

## 四、课时作业设计优化

在数量关系主题的课时作业设计中，我们遵循趣味性与实用性相结合的原则，力求打造精品作业。

### （一）作业的趣味性和创意性

通过设计富有趣味性和创意性的作业题目，激发学生的学习兴趣和积极性。同时，我们注重将作业与实际生活相联系，引导学生将所学的数量关系知识应用于实际生活中，解决实际问题，提升其问题解决能力。例如：假设有 $y$ 颗糖，从中拿出 1 颗奖励给回答问题最积极的孩子，那么现在还剩几颗糖？在解决问题的过程中，这种设计不仅激励了孩子，还将数量关系的知识融入游戏中。

### （二）作业的层次性和个性化

根据学生的学习水平和需求，设计不同难度和类型的作业题目，以满足学生各种各样的发展需求。同时，我们尊重学生的个性差异，鼓励他们在完成作业的过程中发挥特长和创造力。

### （三）作业的反馈和指导

及时批改学生的作业，发现错误和不足，并给予有针对性的指导和建议。同时，关注学生的作业态度和习惯，引导他们养成良好的学习习惯和品质。

通过以上"教—学—评"整体设计的优化与改进，我们旨在为学生营造一个富有挑战性、趣味性且充满实践机会的数量关系学习环境，引导他们深入探索、发现和应用数量关系知识，全面提升数学思维、模型意识、推理能力和问题解决能力。

## 第三节　数量关系主题典型案例：常见的数量关系

### 一、知识整体解读

数学新课标重视提升学生运用常见的数量关系解决问题的能力。随着学生对不同数域认识的拓展和数的运算水平的提高，数量关系在不同数域运算的问题情境中隐藏得越来越深。因此，教师在运算教学过程中，应重视引导学生对问题情境中的数量关系进行分析，逐步提升学生的问题解决能力。

结合数学新课标，分析常见的数量关系在三个学段的内容要求、学业要求及核心素养表现，如表3-2所示。

表3-2　常见的数量关系在三个学段的分析

| 学段 | 内容要求 | 学业要求 | 核心素养表现 |
|---|---|---|---|
| 第一学段 | 在简单的生活情境中，通过运用数及其运算来解决问题，能够解释结果的实际意义，从而形成初步的应用意识 | 能够在熟悉的生活情境中运用数及其运算，合理表达简单的数量关系，并解决简单的问题 | 应用意识、模型意识 |
| 第二学段 | 在具体情境中，认识常见的数量关系：总量=分量+分量、总价=单价×数量、路程=速度×时间；能够利用这些关系解决简单的实际问题 | 能够在真实情境中发现常见的数量关系，并理解如何利用这些关系来解决问题 | 模型意识、几何直观、应用意识 |
| 第三学段 | 能够运用常见的数量关系解决现实问题，并合理解释结果的实际意义，逐步形成模型意识和几何直观，提高解决问题的能力 | 能够解决较复杂的实际问题，形成几何直观和初步的应用意识，提高解决问题的能力 | 几何直观、推理意识、应用意识 |

## 二、单元内容解读

常见的数量关系的内容框架如图3-1所示。

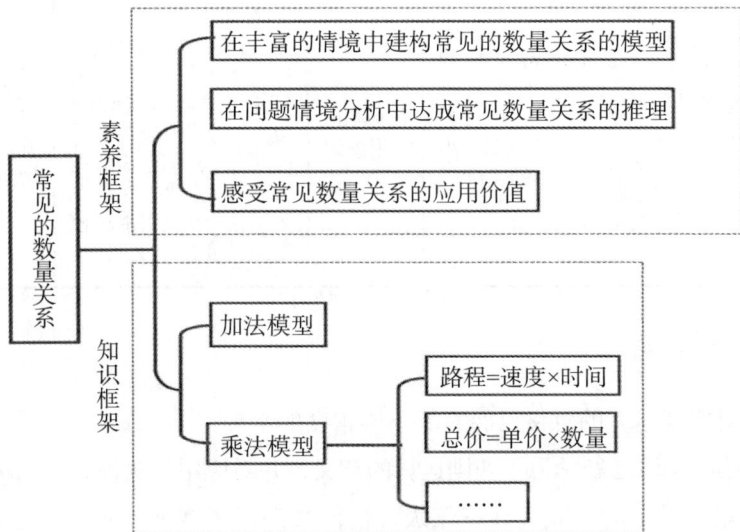

图3-1 常见的数量关系的内容框架

## 三、重点课例设计——路程、时间与速度

### (一)大单元学习规划设计（表3-3）

表3-3 大单元学习规划设计表

| 学段 | 学习目标 | 数学知识表现 | 核心素养表现 | 核心学习活动 | 学习评价 |
|---|---|---|---|---|---|
| 第一学段 | 能掌握乘法的意义，灵活运用乘法的模型解决简单的实际问题 | 乘法的意义 | 模型意识、推理意识 | 在二上第三单元"数一数与乘法"、第五单元"2～5的乘法口诀"、第八单元"6～9的乘法口诀"中的多个具体情境中体会乘法的意义 | 理解乘法的意义，能利用乘法的意义解决简单的实际问题 |
| 第二学段 | 在解决实际问题的过程中，掌握速度=路程÷时间，单价=总价÷数量两个常见的数量关系式及其变式，并能运用它们解决实际问题，感受模型思想。 | 用速度=路程÷时间，单价=总价÷数量两个常见的数量关系式及其变式解决实际问题 | 模型意识 | 在"路程、时间与速度"的具体情境中体会速度的意义，并利用常见的数量关系解决实际问题 | 理解速度及单价的意义；能根据问题情景灵活选择正确的数量关系解决实际问题 |

续表

| 学段 | 学习目标 | 数学知识表现 | 核心素养表现 | 核心学习活动 | 学习评价 |
|---|---|---|---|---|---|
| 第三学段 | 在不同数域中应用常见的数量关系解决问题；将之前常见的数量关系模型，应用到更为广泛的实际问题中，例如：工程问题、行程问题等 | 用常见的数量关系模型解决不同数域（分数、小数）的实际问题 | 推理意识、应用意识 | 在五年级上册第一单元"小数除法"中应用总价模型解决问题，五年级下册第一单元"分数加减法"中应用加法模型解决问题，第三、五单元"分数乘法""分数除法"中应用乘法模型及其变式解决问题 | 能根据问题情景灵活选择正确的数量关系解决实际问题 |

## （二）学情分析

1. 学生对四则运算的意义已经有了不同程度的掌握。

学生在第一学段已经学习了四则运算的意义，并对应用加法模型、乘法模型解决问题已经积累了一定的经验。在三年级，他们又探索了乘加、乘减、连乘、连除，以及乘除混合问题的解决方法，积累了丰富的根据问题情境分析数量关系的经验。

2. 学生已经具备了一定的模型建构能力。

在四年级上册时，学生已经具备了根据问题情境绘制示意图的能力，并能从示意图中分析出数量关系。这些示意图在很大程度上体现和应用了加法模型和乘法模型。

3. 学生已经具备了一定的对数的认识和运算能力。

学生已经认识了亿以内的数，并初步掌握了分数和小数的概念，这为常见数量关系的应用提供了更多的数的素材。同时，学生此时已经学习了三位数乘、除以两位数的运算，以及相关运算定律，为应用常见数量关系解决问题提供了运算能力的支撑。

## （三）课时前测自评（表3-4）

表3-4　课时前测自评表

| 课时名称 | 前测内容 | 学生表现 | 统计情况/人 | 前测人数/人 |
|---|---|---|---|---|
| 路程速度与时间 | （1）你知道什么是速度吗？用自己的语言说说什么是速度。<br>（2）学校进行100米短跑测试。小明的成绩是18.36秒，东东的成绩是15.89秒，当当的成绩是16.35秒。谁跑得快？为什么？ | 水平1：学生能借助生活经验理解和感受速度的快慢，基本能用自己的语言正确地表达已有认知中的速度 | 50 | 10 |

续表

| 课时名称 | 前测内容 | 学生表现 | 统计情况/人 | 前测人数/人 |
|---|---|---|---|---|
| 路程速度与时间 | （3）一辆摩托车每小时行驶50千米，从甲地开往乙地需要4小时。<br>50×4=200表示（　　　　　　）；<br>200÷4=50表示（　　　　　　）；<br>200÷50=4表示（　　　　　　） | 水平2：基本能够用自己的话解释什么是速度、时间及路程 | 25 | |
| | | 水平3：学生能够借助学过的乘法及除法之间的关系厘清"速度×时间=路程"的数学模型，并理解速度、时间和路程之间的关系 | 15 | |

### （四）教学实录

【教学内容】北师大版小学数学四年级上册第六单元第5课时"路程、速度与时间"。

【教学目标】

1. 理解基本概念。学生能够用自己的话解释什么是速度、时间和路程，并知道速度的单位以及如何正确读写这些单位。

2. 掌握数量关系。学生能够通过自主探究构建"速度×时间=路程"的数学模型，并理解速度、时间和路程之间的关系。

3. 运用所学知识。学生能应用所学的数量关系解决实际问题，例如计算给定速度和时间下的行驶距离，或者根据路程和速度求出所需时间等。

4. 生活实践。学生能在具体的日常生活情境中理解和感受速度的快慢，通过比较不同情况下的速度来加深对速度概念的认识。

【教学重点】在于理解路程、速度与时间三者之间的关系，并能够运用数量关系解决生活中的实际问题。

【教学难点】在于理解速度的含义，掌握速度单位的表达方式。

【教学准备】课件。

【教学过程】

环节一 情境引入

**师：**我们的生活中蕴藏着许多有趣的数学知识，只要你用心发现，一定可以找到。有的同学在旅行中也发现了有趣的数学问题。我们一起来看看吧。（课件出示情境图）

学生认真观看，并用心思考其中蕴含的数学知识。

师：板书课题"路程、速度与时间"。

**环节二 模型建构**

师：谁的速度更快？

生：我能看出松鼠比猴子快，因为它们用了相同的时间，而松鼠走的路程更多。（时间相同比较路程）

师：同学们还有其他发现吗？

生：如果把小兔与猴子比较，可以发现小兔和猴子走的路程相同，但小兔用的时间更少。（路程相同比较时间）

师：刚才同学们已经看出松鼠比猴子快，小兔也比猴子快，那小兔和松鼠谁更快，还能一眼看出来吗？为什么？

生：不能直接比较，因为它们的时间和路程都不一样。

师：你还有办法比较它们的速度吗？

学生小组讨论。

交流展示：

生：可以比较它们1分钟走的路程。

小兔每分钟走的路程：240÷3=80（米）

松鼠每分钟走的路程：280÷4=70（米）

80＞70，所以小兔走得更快。

师：你能说说他是怎么想的吗？为什么要算出1分钟走的路程？

师：还有其他比较的方法吗？

生1：可以算出松鼠3分钟走的路程来比较。

生2：还可以算出松鼠和小兔12分钟走的路程来比较。

**师总结**：这些方法有什么共同点？

生：时间相同比较路程，路程相同比较时间。

**环节三 模型运用**

1.速度的意义。

师：在数学中，把1分钟内走的路程称为速度。（出示：速度）

2.速度的计算。

师：1分钟走的路程是如何计算的？观察小兔的速度计算，你发现了什么？

生：用小兔所走的路程除以所用的时间，就等于1分钟所走的路程，这就是速度。（板书计算公式）

3.速度的单位。

（1）创设情境，建立意识。

①高铁9分钟运行了72千米，高铁的速度是（    ）。

②小李骑自行车2小时行了16千米，他骑车的速度是（　　　）。

（指名读题并口算）

**师**：高铁的速度是8千米/分钟，小李骑自行车的速度也是8千米/小时，速度一样吗？

**生**：不一样，高铁1分钟行8千米，小李1小时行8千米。

**师**：可是计算结果的数值和单位都是一样的，怎样表示才不会让人产生误会呢？

**生**：在路程单位后面加上时间单位就不会产生误会了。

（2）强调速度的单位，包括路程和时间两个单位，即复合单位，要会读会写。

**师**：加上时间单位后怎么读？（千米每分钟，千米每小时）你能说说8千米/分钟，8千米/小时表示什么意思吗？

**师**：速度单位与以前学过的单位有什么不同？

小兔每分钟走80米，我们就说小兔的速度是80米/分钟。

松鼠每分钟走70米，它的速度怎么说？（70米/分钟）

**师**：你能说出猴子的速度吗？

小结：3只小动物的速度都算出来了，你再来比较快慢，是不是比刚才两两比较容易多了？看来还是比速度最方便。

（3）练一练：

辨析一：小兔3分钟走240米，这个240米我们可以说成240米/分钟吗？为什么？

辨析二：你想知道蝴蝶飞得有多快吗？通过你的计算来判断谁说得对？

蝴蝶8分钟飞行88米，蝴蝶的速度是多少？

松鼠：蝴蝶的速度是88米/分钟。（　　　）

小兔：蝴蝶的速度是11米/分钟。（　　　）

猴子：蝴蝶的速度是11米/分钟。（　　　）

（4）静态感知生活中常见的速度。

①人步行的速度大约为4千米/小时。

②飞机飞行的速度大约为12千米/分钟。

③声音传播的速度大约为340米/秒。

④光传播的速度大约为30万千米/秒。

说说这些速度的含义。

小结：以上这些在1小时、1分钟、1秒等单位时间内所经过的路程都叫作速度。（板书）

4.综合运用。

我们知道什么是速度了，也知道速度有快有慢。你能用速度的知识解释下面的现象吗？（播放打雷声）

（1）（展示动态的钟）墙上的挂钟，时针、分针、秒针分别以不同的速度运行，非常准确地为我们提供时间服务。

（2）火箭能够把飞船送上太空，那么火箭的速度有多快呢？火箭发射的速度是7.9千米/秒，被称为第一宇宙速度。与人步行速度的4千米/小时相比，你有什么感受？

**环节四　回顾反思**

这节课我们研究了什么，你有什么收获？

**环节五　课后测评**

1. 完成北师大版小学数学四年级上册第80页"练一练"第1题：谁行驶得快？

2. 关于本案例的评价量表如表3-5所示。

表3-5　"教—学—评"一致性评价量表

| 评价目标 | 评价任务 | 评价标准 |
|---|---|---|
| 学生能够用自己的话解释什么是速度、时间和路程 | （1）你能用自己的话说说什么是速度、时间和路程？<br>（2）请你把下面这些信息分分类。<br>①汽车每小时行驶80千米。<br>②甲地到乙地需要5小时。<br>③小明步行每分钟90米。<br>④从甲地到乙地有320千米。<br>⑤上学需要走10分钟。<br>⑥家到学校有多少米？ | （1）语言合理即可。<br>（2）能正确判定信息到底属于"路程""速度"还是"时间" |
| 能够通过自主探究构建"速度×时间=路程"的数学模型，并理解速度、时间和路程之间的关系 | 速度、时间和路程之间有什么关系？ | 学生可以用自己的理解方式说一说 |
| 能应用"速度×时间=路程"解决实际问题 | （1）汽车每小时行驶80千米，行驶3小时，一共行驶了多少千米？<br>（2）从甲地开往乙地行驶了5小时，一共行驶了450千米，平均每小时行驶多少千米？ | 学生能够清楚地说明三者之间的关系，并且能够运用 |

# 第四节　数量关系主题典型案例：运用四则运算的意义解决实际问题

## 一、知识整体解读

加、减、乘、除四则运算的意义是进行数的运算的依据，也是学生分析数量关

系解决问题的基础。从一年级学习加、减法开始，学生逐步认识四则运算及其关系，明白研究现实情境中的数量关系是分析和解决问题的关键，也是"数量关系"主题的重要内容与学习目标，并且逐步将四则运算与加法模型和乘法模型建立联系。

现结合数学新课标，分析运用四则运算的意义解决实际问题在一、二学段的内容要求、学业要求及核心素养表现，如表3-6所示。

表3-6 运用四则运算的意义解决实际问题在一、二学段的分析

| 学段 | 内容要求 | 学业要求 | 核心素养表现 |
|---|---|---|---|
| 第一学段 | 在简单的生活情境中，运用数和数的运算解决问题，能解释结果的实际意义 | 能在解决问题的过程中，体会解决问题的道理，解释计算结果的实际意义，感悟数学与现实世界的关联 | 模型意识、推理意识、应用意识 |
| 第二学段 | 在实际情境中，运用数和数的运算解决问题 | 能在简单的实际情境中，运用四则混合运算解决问题 | 数感、运算能力、推理意识 |

## 二、单元内容解读

运用四则运算的意义解决实际问题的内容框架如图3-2所示。

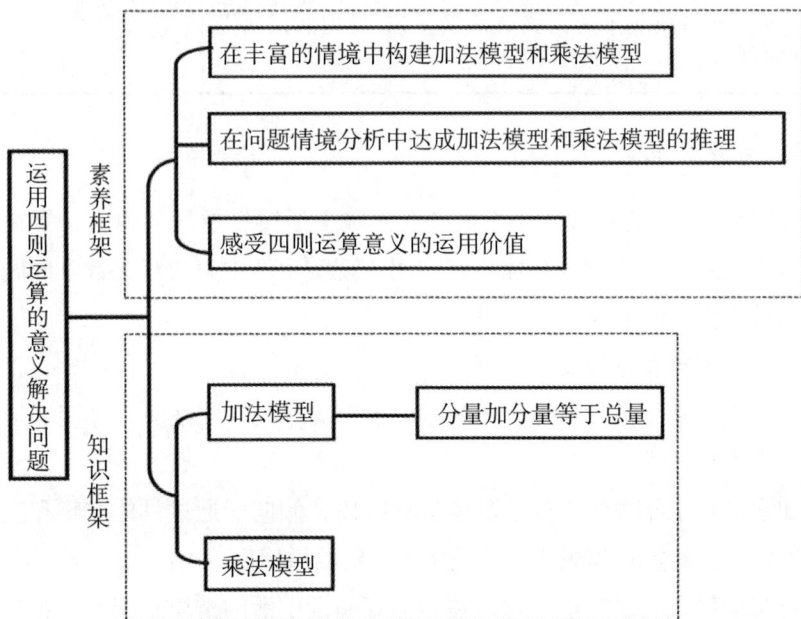

图3-2 运用四则运算的意义解决实际问题的内容框架

## 三、重点课例设计——动物聚会

### （一）大单元学习规划设计（表3-7）

表3-7　大单元学习规划设计表

| 学段 | 学习目标 | 数学知识表现 | 核心素养表现 | 核心学习活动 | 学习评价 |
|---|---|---|---|---|---|
| 第一学段 | 运用加法的意义解决实际问题 | 用加法模型解决问题 | 形成初步的模型意识、推理意识和应用意识 | 一上认识加法、10以内的加法 | 运用加法的意义解决实际问题 |
| 第一学段 | 在加法模型的基础上掌握乘法的意义，并运用乘法的意义解决实际问题 | 灵活运用"每份数×份数=总数"这样的数量关系解决简单的实际问题 | 形成初步的模型意识、推理意识和应用意识 | 二上乘法的认识和乘法口诀 | 能理解乘法的意义，并利用乘法的意义解决简单的实际问题 |
| 第二学段 | 运用小数乘法的意义解决实际问题 | 运用小数乘法的意义解决实际问题 | 形成初步的模型意识、推理意识和应用意识 | 四下小数乘法 | 能运用小数乘法的意义解决实际问题 |
| 第三学段 | 运用分数乘法的意义解决实际问题 | 运用分数乘法的意义解决实际问题 | 形成初步的模型意识、推理意识和应用意识 | 五下分数乘法 | 能运用分数乘法的意义解决实际问题 |

### （二）学情分析

"动物聚会"是北师大版小学数学二年级上册第三单元的内容，旨在进一步加深学生对乘法意义的理解，并能将其应用于现实生活中解决相关数学问题。这也是学生建立乘法模型的重要基础课程。

1.学生知识与能力背景。

基础知识：学生已具备加法的基础，了解简单的加法运算，并能够进行基本的数数和分类活动。

认知水平：二年级学生处于具体运算阶段，倾向于通过具体实物和直观操作来理解抽象概念，对重复和规律性的现象有一定的敏感度。

兴趣与动机：大多数学生对动物聚会等贴近生活的情境感兴趣，容易借此吸引他们的注意力并激发参与热情。

2. 学习难点与障碍。

乘法概念的理解：一是将加法的累加思想转化为乘法的"相同数连加"概念，这是学生理解上的一个难点。二是同一个乘法算式在不同的具体情境中表示的意义可能不同。

抽象思维的建立：将具象的动物聚会情境抽象为数学问题，尤其是乘法算式，需要学生具备一定的抽象思维能力。

乘法口诀的记忆：乘法口诀的记忆和应用可能会给部分学生带来挑战，尤其是在将口诀与实际问题情境相联系时。

3. 学习需求与期望。

情境化的学习：学生需要通过丰富的活动和情境体验，如角色扮演、实物操作等，来感受和理解乘法的实际应用。

分层次的指导：针对不同学习能力的学生，需要提供分层次的学习材料和指导，确保每位学生都能在原有基础上有所进步。

趣味性和互动性：通过游戏、故事、竞赛等形式，增加学习的趣味性和互动性，激发学生的学习兴趣和参与度。

## （三）课时前测自评（表3-8）

表3-8　课时前测自评表

| 课时名称 | 前测内容 | 学生表现 | 统计情况/人 | 前测人数/人 |
|---|---|---|---|---|
| 动物聚会 | (1) 我会填：上图中相同的加数是( )，有( )个相同加数，列加法算式：( )。上图中每份有( )个，有这样的( )份，列乘法算式：( )。<br>(2) 判断下列哪些情境可以用乘法表示，哪些情境只能用加法表示。<br>①每组有5个气球，共3组，一共有几个气球？<br>②小明每天吃2个苹果，连续吃了4天，一共吃了几个？<br>③丁丁昨天折了5朵花，今天折了4朵花。一共折了几朵花？<br>(3) 请你选择自己喜欢的方式画出"3×4"表示的意义 | 水平1：将加法的累加思想转化为乘法的"相同数连加"概念 | 10 | 50 |
| | | 水平2：能够区分加法和乘法的应用场景 | 12 | |
| | | 水平3：能正确选用自己喜欢的方法表示一个算式在不同场景中的不同意义 | 28 | |

（四）教学实录

【教学内容】北师大版小学数学二年级上册第三单元第4课时"动物聚会"。

【教学目标】

1. 引导学生理解知识的内在联系，通过推理深入理解乘法的意义，了解乘法与加法的关系。

2. 初步学会用"每份数×份数=总数"这一数量关系解决生活中的实际问题。

3. 通过"想""连""说""画"等一系列操作体验，积累使用乘法运算的经验，发展初步解决实际问题的能力。

4. 通过对乘法的实际运用分析，感受数学与日常生活的密切关系。

【教学重点】在认识"几个几"即"每份数"和"份数"的基础上，深入体会乘法的含义。

【教学难点】体会一个乘法算式在不同情境中所表示的具体意义的不同。

【教学准备】多媒体课件。

【教学过程】

环节一　情境引入

师：讲故事导入："小朋友，秋天到了，果实成熟了。小动物们准备开一个庆丰收的联欢会，你们想去参加这次聚会吗?"（出示教材主题图）

生：想。

教师板书课题——"动物聚会"。

环节二　问题驱动

任务1　找数学信息

师：小动物们为了这次聚会正忙碌地准备着，请同学们仔细观察画面，你发现了哪些数学信息?

生1：有3只小兔，每只小兔抱了3根萝卜。

生2：有6只小松鼠，每只松鼠带来了3个松果。

生：……

任务2　根据数学信息提出问题

师：根据找到的这些信息，你能提出哪些数学问题呢?

学生独立思考后写在练习本上，再在全班反馈。

生1：小松鼠一共带来了多少个松果?

生2：一共有多少只小鸟?

生3：松鼠比小猴多几只？

生：……

老师在黑板上记录学生提出的问题。

**任务3　找出既能用加法也能用乘法解决的数学问题**

**师**：小朋友们提出了很多数学问题，你能找出这些问题中哪些既能用加法解决也能用乘法解决吗？请说说你的理由。

学生汇报交流：

**生1**："一共有多少个松果？"这个问题既可以用加法解决，也可以用乘法解决。因为每篮有3个松果，有6篮，要计算一共有多少个松果，就是求3的6倍是多少。可以用3+3+3+3+3+3计算，也可以用3×6计算。

**生2**：要计算一共有几只小鸟，可以把一个树枝上的3只小鸟看成一份，3个树枝就是有这样的3份，所以需要求"3个3"是多少。因此既可以用加法3+3+3计算，也可以用乘法3×3计算。

**生**：……

**师**：请大家观察这些既可以用加法解决，又可以用乘法解决的问题，它们有什么相同的地方？

小组交流，全班汇报相同点：

**生**：都是知道"每份的数量"和"份数"，求"总数"。

小结：像这样知道"每份的数量"和"份数"来求"总数"的问题，既可以用几个"每份的数量"相加，也可以用"每份的数量×份数"。

**环节三　深化拓展**

**师**：同学们，小动物们看到大家表现出色，也想邀请你们去参加动物聚会。但是你们要到达森林王国，必须闯过下面三关。你们有信心闯过去吗？

第一关：想一想，连一连

学生独立完成后，展示学生作品并开展评价。

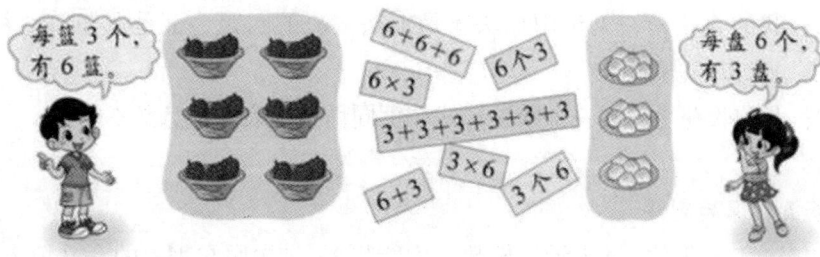

**师**：对于上面的作品，你有什么想说的？

**生1**：为什么有同学把3×6和6×3连到一边，而也有同学两边都连？哪个对？

生2：3个6和6个3都可以用乘法表示，3×6和6×3都可以。

生3：6+3两边都不连，为什么要出现在题目中？

生4：不应该写在题目中。

生5：6+3出现在题目中是为了让我们分清楚乘法与加法的意义区别。

生6：对！乘法是相同加数连加的简便记法。

**师**：孩子们，恭喜你们顺利过关。我们接着挑战第二关。

第二关：观察并描述你能想到的算式

1. 学生独立观察情境图，选择一幅图，独立说出自己能想到的乘法或加法算式。

2. 全班进行交流。

第三关：联系生活实际创编用3×6解决的数学问题

**师**：你能联系生活实际创编一个用3×6解决的数学问题吗？

1. 学生先独立思考，创编出一个生活中能用3×6解决的问题。

2. 在小组内交流，说出自己的想法，其他同学担任小老师，判断其正确与否。

3. 全班进行交流。

**环节四　回顾交流**

**师**：同学们，这节课你学到了什么？还有什么想继续了解的吗？

生1：我的收获是知道了求几个相同数相加的和，可以用加法计算，也可以用乘法计算。

生2：通过这节课的学习，我知道了求几个相同加数的和可以用乘法计算，还知道了乘法是加法的简便运算。

生3：我的收获是，无论用加法还是乘法解决的问题，都是在知道"每份数"和"份数"后求"总数"。

生4：我的收获是，同一个乘法算式在不同情境中表示的意义不同。

生：……

**环节五　课后测评**

1. 如果3表示份数、4表示每份数，你能将3、4按照它表示的意义填入相应的括号里。

①一支钢笔（4）元，买（3）支钢笔，一共需要多少元？

②小蜗牛一分钟爬（4）厘米，它爬了（3）分钟，一共爬多少厘米？

2.关于本案例的评价量表如表3-9所示。

表3-9 "教—学—评"一致性评价量表

| 评价目标 | 评价任务 | 评价标准 |
|---|---|---|
| 建立乘法意义的概念，弄清乘法与加法的联系 | 在课堂上，了解学生是否能够根据动物聚会的情境正确选择使用加法或乘法来解决问题。课后关注学生是否能够清楚地解释同一个乘法算式在不同情境中所表示的不同意义 | （1）不能正确选择加法或乘法来解决问题。<br>（2）能正确选择加法或乘法来解决问题，并能说明选择的原因。<br>（3）能够用自己的方式表达同一个乘法算式在不同情境中所表示的不同意义 |
| 掌握用"每份数×份数=总数"这一数量关系，初步构建乘法模型 | （1）在课堂上观察学生是否能够分析出既可以用加法解决，又可以用乘法解决的问题之间的相同之处。<br>（2）课后观察学生是否能够厘清实际情境中的"每份数""份数"和"总数" | （1）学生能够理解，既可以用加法解决，又可以用乘法解决的问题，都是在求几个相同加数的和。<br>（2）学生能够结合乘法的意义，找到既可以用加法解决，又可以用乘法解决的问题的共同点，即：已知"每份的数量"和"份数"，求"总数"。<br>（3）能够在不同的情境中识别"每份的数量"和"份数" |
| 积累用乘法运算的活动经验，发展初步的解决实际问题的能力 | （1）课上联系生活实际创编用3×6解决的数学问题。<br>（2）课后观察学生能否正确地选用乘法解决生活中的实际问题 | （1）学生不能灵活选择信息创编用3×6解决的数学问题。<br>（2）学生能借助"每份数×份数=总数"这一数量关系，灵活选择信息创编用3×6解决的数学问题。<br>（3）能灵活地运用乘法解决生活中的实际问题 |

# 第五节 数量关系主题典型案例：字母表示关系、性质和规律

## 一、知识整体解读

数学新课标将方程的学习调整到了初中阶段，看似削弱了旧版教材中四年级下册第五单元"认识方程"的内容，但在旧版教材"字母表示数"的内容基础上，加强了用字母、字母式表示数或数量关系的内容，更强调用字母表达的一般化特性，

促进学生从算术思维向代数思维转变。

结合数学新课标，分析字母表示关系、性质和规律在第三学段的内容要求、学业容要求及核心素养表现，如表3-10所示。

表3-10 字母表示关系、性质和规律在第三学段的分析

| 学段 | 内容要求 | 学业要求 | 核心素养表现 |
|---|---|---|---|
| 第三学段 | 在具体情境中，探索用字母表示事物的关系、性质和规律的方法，领悟用字母表示的一般性 | 能在具体情境中，用字母或含有字母的式子表示数量之间的关系、性质和规律，领悟用字母表示的一般性 | 几何直观、推理意识、应用意识 |

## 二、单元内容解读

字母表示关系、性质和规律的内容框架如图3-3所示。

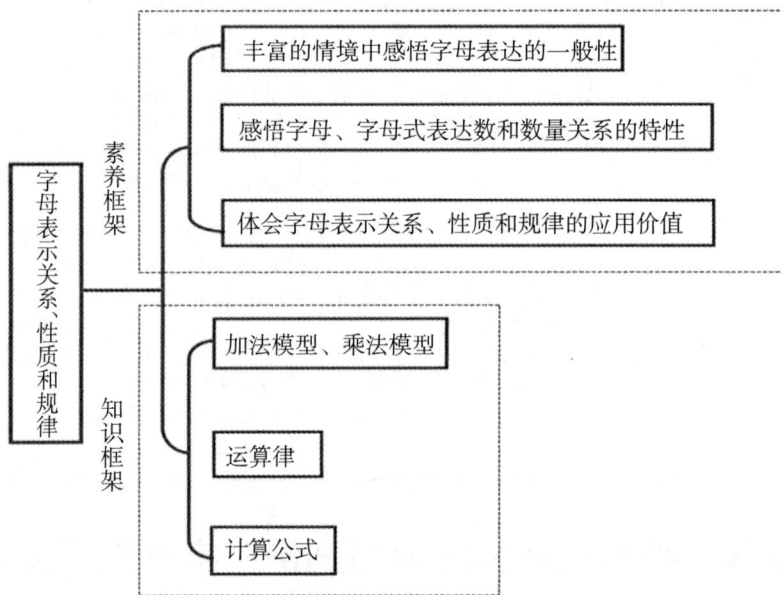

图3-3 字母表示关系、性质和规律的内容框架

## 三、重点课例设计——字母表示数

### （一）大单元学习规划设计

数学新课标中，"字母表示数"这一内容在第三学段才开始出现。然而，用字

母表示数的方法和符号的思想并不是从第三学段才开始的，而是隐含在数量关系学习的每个学段中，如表3-11所示。根据学生的年龄特点和认知规律，我们应该由浅入深、层层深入，采用螺旋式递进的方法进行教学。

表3-11　大单元学习规划设计表

| 学段 | 学习目标 | 数学知识表现 | 核心素养表现 | 核心学习活动 | 学习评价 |
|---|---|---|---|---|---|
| 第一学段 | 从具体数量中抽象出数，渗透用图形或者文字表示数 | 比如：$\triangle+5=13$，求$\triangle=?$ | 模型意识、推理意识 | 用图形表示数 | 能从具体数量中抽象出数，渗透用图形或者文字表示数 |
| 第二学段 | 用字母表示运算律和各种方法表示规律，随着学习的深入学生发现很多数学现象具有共同的特征 | 运算律；长方形、正方形的周长和面积计算公式 | 模型意识、推理意识、应用意识 | 探索并用字母表示运算律。探索并用字母表示长方形、正方形的周长和面积计算公式 | 能用字母表示运算律和各种方法表示规律，随着学习的深入学生发现很多数学现象具有共同的特征 |
| 第三学段 | 能用字母表示事物的关系、性质和规律的方法 | 用字母表示三角形、平行四边形、梯形的面积计算公式；用字母表示圆的周长和面积计算公式；用字母表示圆柱的表面积，圆柱、圆锥的体积 | | 探索并用字母表示三角形、平行四边形、梯形的面积计算公式；探索并用字母表示圆的周长和面积计算公式；探索并用字母表示圆柱的表面积，圆柱、圆锥的体积 | 能用字母表示事物的关系、性质和规律的方法 |

## （二）学情分析

1.学生在第一学段中已经有过"$3+A=8$，求$A=?$"的活动经验。在第二学段中，通过学习3+5=5+3、1+4=4+1等算式，感受到了加数和加数位置互换而结果不变的规律，继而用字母$a+b=b+a$来表示这样的加法交换律。

学生在日常生活中接触过用字母表示数。例如：扑克牌中的A、J、Q、K，以及时钟上罗马数字表示特定的数，他们对字母表示数有了一些生活经验，但并不理解它的意义，更无法感知含有字母的式子可以表示数量关系。

2.学生此前已经学习了加法模型和乘法模型，并使用它们的变式来解决问题，积累了一些分析数量关系和应用数量关系解决问题的经验，这为"字母表示数"的学习奠定了基础。

## （三）课时前测自评（表3-12）

表3-12　课时前测自评表

| 课时名称 | 前测内容 | 学生表现 | 统计情况/人 | 前测人数/人 |
|---|---|---|---|---|
| 字母表示数 | 想一想，填一填。<br>1只青蛙，1张嘴，2只眼睛，4条腿。<br>2只青蛙，2张嘴，4只眼睛，8条腿。<br>3只青蛙，3张嘴，6只眼睛，12条腿。<br>……<br>你能继续把这首儿歌编下去吗？请你尝试用一句话说完这首儿歌。试一试，写一写 | 水平1：用数字表示 | 50 | 6 |
| | | 水平2：用文字表示 | 9 | |
| | | 水平3：用字母表示 | 35 | |

从结果分析来看：

1.大多数学生能够想到用字母代替问题中的数字，感受到字母的简洁性和概括性，但个别同学会把字母误认为一个特定的数。

2.学生的误解表现在同一个情景中，他们认为同一个字母可以表示不同的数，而不同的字母可以表示任意的数。

3.在用字母或含有字母的表达式表示不同的数量时，忽略了数量之间的关系。

## （四）教学实录

【教学内容】北师大版小学数学四年级下册第五单元第1课时"字母表示数"。

【教学目标】

1.结合具体情境，能用字母表示数和数量关系，渗透符号化思想和函数思想。

2.探究用字母表示数的过程，发展抽象概括能力。

3.在学习过程中逐步感受符号化思想，丰富数感、发展抽象思维能力。

【教学重点】体会用字母表示数的意义，掌握用字母表示数的方法。

【教学难点】引导学生经历抽象概括的过程。

【教学过程】

环节一　情境引入

**师：**信封里1颗糖也没有，用哪个数字表示？

**生**：0。

**师**：往信封里放1颗糖，现在用哪个数字来表示？

**生**：1。

**师**：接着再放1颗糖，现在用哪个数字表示？

**生**：2。

**师**：（老师躲藏起来往信封里再放一些糖）现在信封里糖的颗数用什么表示？

**生**：$x$。

**师**：刚才同学们分别说出了糖的颗数是0、1、2和$x$。（板书）

**师**：说说它们有什么不同？

**生**：前面是数字，后面是字母。（板书）

**师**：它们分别表示什么样的数？数字表示我们看见的数，叫已知数；字母表示我们没有看见的数，叫未知数。（板书）

**师**：如果信封里的糖数用字母$x$表示，另外一袋糖的数量可以用什么字母表示呢？

**师**：还可以用字母$x$表示吗？

**生**：不可以，明显数量不同，要用另一个字母表示。

**师**：生活中有些数不知道是多少时，我们可以用一个字母来表示。同一情景中相同的字母表示相同的数，不同的字母表示不同的数。

环节二　问题驱动

**师**：夏天到了，两只可爱的小青蛙在开心地唱歌呢。我们一起来看看它们唱的是什么歌吧。大家和小青蛙一起唱吧。

**师**：这首歌怎么唱也唱不完呀！原来整个池塘里有这么多青蛙，你能表示池塘中青蛙的总数吗？

学生自主填写，全班交流展示。

**师**：如果用字母$a$表示青蛙的只数，怎么表示青蛙腿的总条数呢？

学生自主填写，小组交流。

教师展示具有代表性的作品，并解释原因，同学们进行交流讨论。

最后得出结论：$a$只青蛙有$a×4$条腿。（板书）

**师**：青蛙的只数和青蛙腿的条数有什么关系？

**生**：青蛙腿的条数是青蛙只数的4倍。青蛙只数×4=青蛙腿的条数。

**师**：像这样既有数字又有字母的式子，我们称它为字母式。"$a×4$"这个字母式既表示了青蛙腿的条数，又表示了青蛙只数和腿数的关系。

**师**：这里的字母$a$可以表示哪些数？

生：任意数。

师：可以表示 0.5 吗？可以表示 $\frac{1}{3}$ 吗？

生：这里的 $a$ 只能表示从 1 开始的任意自然数，字母表示的数有些是有范围的。

师：1 只青蛙 1 张嘴，2 只眼睛，4 条腿；

2 只青蛙 2 张嘴，4 只眼睛，8 条腿；

……

请你用刚才学到的知识，用字母表示整首儿歌，写完后与同桌交流。

教师展示代表性作品，并解释原因，同学们进行交流讨论。

师：字母不仅能表示数，用含字母的式子还可以表示数量关系。

师：刚才我们研究了青蛙的问题，下面我们来研究人的年龄问题。

**探究活动：** 老师比学生大 35 岁，如何表示老师的年龄？请填写表 3-13。

表 3-13　探究活动表

| 学生的年龄（岁） | 老师的年龄（岁） |
|---|---|
| 今年： | |
| 明年： | |
| 十年后： | |
| | |
| | |

学生自主完成上表，小组交流，全班交流展示。

师：字母不仅可以表示数，还可以表示数量关系。

师：这里的字母 $n$ 可以表示 2 000 岁吗？

生：不可以，人的年龄有限，要结合生活实际。

**环节三　模型运用**

1. 从 $y$ 颗糖里拿出 1 颗奖励给回答问题最积极的孩子，现在还剩（$y-1$）颗糖。

2. 如果全班每人都发 $x$ 颗糖，一共要发（$n*x$）颗糖。（假设班级有 $n$ 个学生）

3. 把 $x$ 颗糖平均分成 2 份，每份是（$x/2$）颗糖。

4. 全班每人发 1 颗糖后，老师还剩 $m$ 颗糖，老师原来准备了（$n+m$）颗糖。（假设班级有 $n$ 个学生）

学生独立完成，汇报交流。

**环节四 课后测评**

关于本案例的评价量表如表3-14所示。

表3-14 "教—学—评"一致性评价量表

| 评价目标 | 评价任务 | 评价标准 |
|---|---|---|
| 能用字母表示不确定的数 | 在不确定青蛙只数的情况下如何表示青蛙眼睛、腿、嘴巴的数量？ | 能用字母表示不确定的数 |
| 能用字母式表述数量关系 | 在不确定青蛙只数的情况下如何表示青蛙眼睛、腿、嘴巴的数量？ | 能用字母式表示青蛙只数和青蛙眼睛、腿、嘴巴的数量之间的关系 |
| 能用语言准确表述字母式的含义 | 你能说出字母式的含义吗？ | 学生能够清楚准确地表述字母式在情境中的具体含义 |

# 第六节 数量关系主题典型案例：比和比例

## 一、知识整体解读

数学新课标将反比例及相关内容的学习调整到第四学段，与函数学习相结合，使"数量关系"的学习更加系统化。在第三学段中，只学习"比"和"比例"。

比与除法、分数在本质上是一致的，都是数的关系的表达。而"比例"所表达的是"比"的两个"量（或数）"的变化规律，这种规律也广泛存在于学生的现实生活和数学学习中。例如，"照这样计算"的"归一"与"归总"问题。学生也积累了许多解决这两类问题的复合关系的经验，如通过列表观察解决问题的策略、商不变的规律、分数的基本性质等。图形的放大与缩小也直观地解释了"比例"的实际意义。这使得"比和比例"在"数量关系"主题学习体系中构建起了完整的学习系统，也使之成为小学阶段"数量关系"主题学习的高阶阶段。有了这个阶段的"数量关系"的学习，为第四学段"变量"与"函数"的学习奠定了感性基础。

结合数学新课标，分析比和比例在第三学段的内容要求、学业要求及核心素养表现，如表3-15所示。

表3-15　比和比例在第三学段的分析

| 学段 | 内容要求 | 学业要求 | 核心素养表现 |
|---|---|---|---|
| 第三学段 | 在具体情境中理解比和比例的概念，以及按比例分配的含义，并能够解决简单的问题。<br>通过具体情境，认识成正比的量（如 $\frac{y}{x}=5$）；能探索规律或变化趋势（$y=5x$） | 能在具体情境中判断两个量之间的比值，计算比值，并理解比值相同的量，能够解决按比例分配的简单问题。<br>能够在具体情境中描述成正比的量=$k$（$k\neq0$），能够找出生活中成正比关系的实例；能够根据给出的成正比关系的数据在方格纸上绘制图表。<br>了解 $y=kx$（$k\neq0$）的形式，能根据其中一个量的值计算另一个量的值 | 几何直观、探究意识、应用意识 |

## 二、单元内容解读

比和比例的内容框架如图3-4所示。

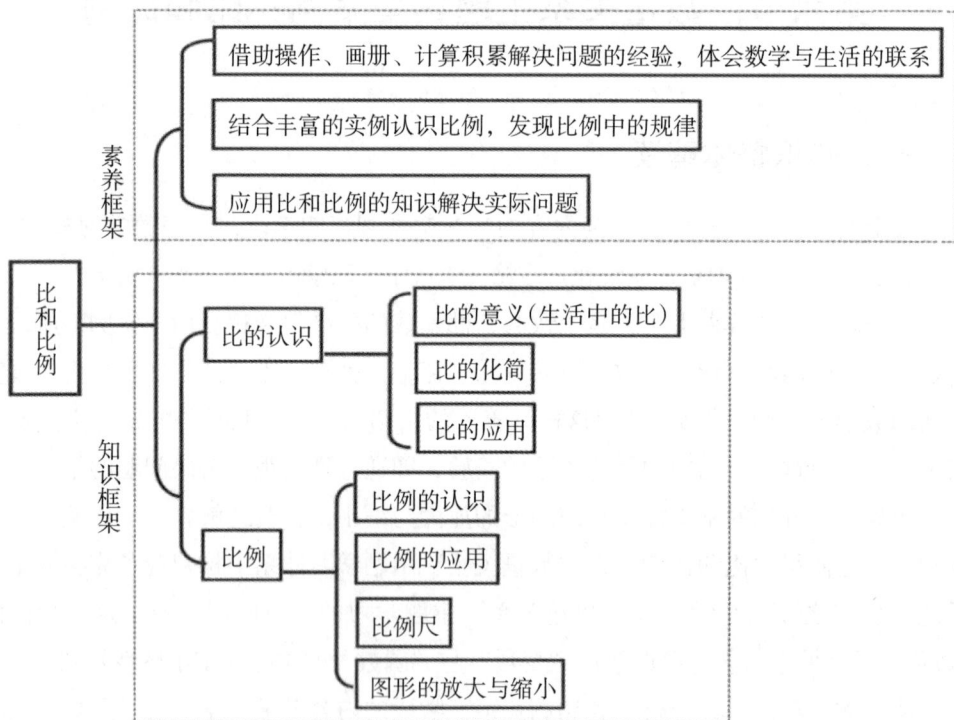

图3-4　比和比例的内容框架

# 三、重点课例设计——比例的认识

## （一）大单元学习规划设计（表3-16）

表3-16 大单元学习规划设计表

| 学段 | 学习目标 | 数学知识表现 | 核心素养表现 | 核心学习活动 | 学习评价 |
|---|---|---|---|---|---|
| 第一学段 | 运用乘法口诀解决简单的乘法和除法问题，理解倍的意义 | 能理解 $a$ 是 $b$ 的几倍 | 形成初步的模型意识、推理意识 | 二上乘、除法的认识，乘法口诀及用口诀求商 | 能用乘法口诀解决简单的实际问题，能理解倍的意义 |
| 第二学段 | 理解分数的意义 | 能理解 $a$ 是 $b$ 的几分之几 | 形成初步的模型意识、推理意识、应用意识 | 三下分数的初步认识 | 能理解分数的意义 |
| 第三学段 | 在具体的情境中判断两个量的比，认识比和比例，并能运用它们解决实际问题 | 用比和比例解决实际问题 | 形成模型意识、推理意识、应用意识 | 五上分数的再认识、分数与除法的关系；六年级比和比例的认识及应用 | 能在具体的情境中判断两个量的比，认识比和比例，并能运用它们解决实际问题 |

## （二）学情分析

比例的认识是学习了分数、除法、比等内容后，在以往的学习和生活中对"按比分配"的问题也有过探索，但是对于分配方法还没有形成系统的思维方式。

## （三）课时前测自评（表3-17）

表3-17 课时前测自评表

| 课时名称 | 前测内容 | 学生表现 | 统计情况/人 | 前测人数/人 |
|---|---|---|---|---|
| 比例的认识 | 笑笑想自制奶茶，奶茶配方为：牛奶100 mL，茶300 mL。<br>(1) 这个配方的牛奶与茶用量的比为（　）：（　），它的前项是（　），后项是（　），比值是（　），这个比值表示（　）。<br>(2) 笑笑觉得按照这个配方制作360 mL的奶茶，需要准备多少毫升的牛奶和茶？ | 水平一：能根据数学信息，正确写出对应的比，分清比的前项和后项，并求出比值 | 15 | 50 |
| | | 水平二：能理解比的意义 | 14 | |
| | | 水平三：能在真实的情境中解决有关比的问题 | 21 | |

（四）教学实录

【教学内容】北师大版小学数学六年级下册第二单元第1课时"比例的认识"。

【教学目标】

1. 结合"图片像不像""调制蜂蜜水"等情境，找到相等的比，理解比例的意义，认识比例各部分的名称。

2. 能通过化简比或求比值等方法正确判断两个比能否组成比例，进一步培养数感和运算能力等核心素养。

3. 通过观察比较、自主探索等活动，提高分析和概括能力。

4. 使学生感受到数学知识的内在联系，通过自主探索、合作交流等活动，体验成功的快乐。

【教学重点】理解比例的意义，能够通过化简比或求比值等方法判断两个比能否组成比例。

【教学难点】结合具体的情境区分比的前项和后项，写出正确的对应比，再判断两个比是否组成比例。

【教学过程】

环节一　情境引入

活动一　找相等的比

师：还记得什么叫作比吗？

生：两个数相除，也叫作两个数的比。

师：你能说出一些比的例子吗？

生：$20:18$，$1.5:2$，$\frac{1}{3}:\frac{5}{6}$，…

师：真棒，看来孩子们对比已经有了一定的认识。上学期学习"比的认识"时，我们讨论过"图片像不像"的问题。请结合比的知识，再想一想：怎样的两张图片是相似的？怎样的两张图片是不相似的呢？

生：比相等的图片是相似的，比不相等的图片是不相似的。例如，图片 D 和图片 A，它们的长与长、宽与宽的比相等，12：6=8：4，所以它们是相似的。

生：图片 A 的长与宽的比是 6：4，图片 B 的长与宽的比是 3：2，6：4=3：2，所以它们也是相似的。

**环节二　模型建构**

**活动二　认识比例及比例的内项与外项**

师：像 12：6=8：4，6：4=3：2 这样表示两个比相等的式子叫作比例。请阅读北师大版小学数学六年级下册第 16 页的内容，关于比例，你知道了哪些知识？

生：我知道了什么是比例的内项与外项。例如，在比例 12：6=8：4 中，6 和 8 是内项，12 和 4 是外项。

生：我知道比例还可以写成分数的形式，如 12：6=8：4 可以写成 $\frac{12}{6}=\frac{8}{4}$ 。

师：我们学过比的前项与后项，现在学了比的内项与外项，如何区分它们？

生1：前项与后项是一个比中的数，内项与外项是一个比例中的数。

生2：前项与后项是一个比中前后位置上的数，内项与外项是一个比例中内外位置上的数。

**活动三　根据比例的意义，结合情境写出比例**

师：右图是调制蜂蜜水时蜂蜜与水的配比情况。根据比例的意义，你能写出比例吗？写一写，并与同伴交流。

调制蜂蜜水配比情况表

|  | 蜂蜜水 A | 蜂蜜水 B |
|---|---|---|
| 蜂蜜/杯 | 2 | 3 |
| 水/杯 | 10 | 15 |

生1：我根据蜂蜜水 A 和蜂蜜水 B 分别写出蜂蜜与蜂蜜、水与水的比 3：2 和 15：10，这两个比的比值都是 1.5，所以比例是 3：2=15：10。

生2：我根据蜂蜜水 A 和蜂蜜水 B 分别写出蜂蜜与水的比 10：2 和 15：3，这两个比化简后都是 5：1，比值相等，所以比例是 10：2=15：3。

生3：蜂蜜水 A 和蜂蜜水 B 中，蜂蜜与水的比化简后都是 5：1。这说明两杯水一样甜。

**环节三　模型运用**

**活动四　应用提升**

1.（1）分别写出图中两个长方形长与长的比和宽与宽的比，判断这两个比能否组成比例。

（2）分别写出图中每个长方形长与宽的比，判断这两个比是否能组成比例。

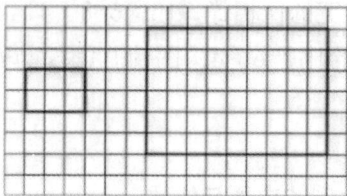

2.下面哪几组的两个比可以组成比例？把组成的比例写出来。

15∶18 和 30∶36　　　　　4∶8 和 5∶20

$\frac{1}{4}$∶$\frac{1}{16}$ 和 0.5∶2　　　　$\frac{1}{3}$∶$\frac{1}{9}$ 和 $\frac{1}{6}$∶$\frac{1}{18}$

**环节四　回顾反思**

在这节课中，我们学习了比例。你对比例有了哪些新的认识？你是如何判断两个比是否成比例的？你还有什么不明白的地方？

**环节五　课后测评**

关于本案例的评价量表如表3-18所示。

表3-18　"教—学—评"一致性评价量表

| 评价目标 | 评价任务 | 评价标准 |
|---|---|---|
| 能正确组合出比例 | 哪两个比可以组成比例？ | 能正确组合出比例 |
| 理解比例的意义 | 找出生活中的比例 | 结合具体情境理解比例的意义 |
| 知道比例各部分的名称 | 在比例12∶4=6∶2中，2和12是比例的（　　　），4和6是比例的（　　　） | 能准确判定比例各部分的名称 |

# 第四章

# 图形的认识与测量主题

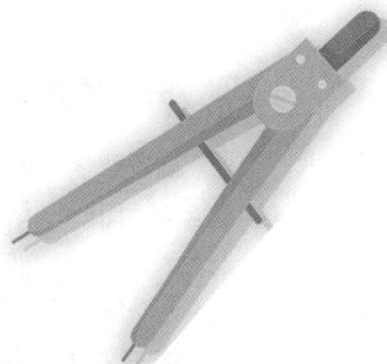

## 第一节 图形的认识与测量主题内容分析

"图形的认识与测量"在义务教育阶段具有重要地位，它贯穿整个学习过程，并随着学段的不同呈现出不同的表现形式，如图4-1所示。小学阶段，图形的认识主要通过直观感知和操作实践进行，强调形状特征的认知和空间观念的建立；而在初中阶段，则更注重抽象思维和逻辑推理，引入了更多的数学符号和公式，以及几何证明方法。尽管学段不同，但图形的认识与测量的核心概念和基本方法是一致的，都是为了发展学生的空间观念与几何直观。因此，在教学设计和评价中，需要兼顾一致性和阶段性，确保学生能够在不同学段之间顺利过渡和发展。

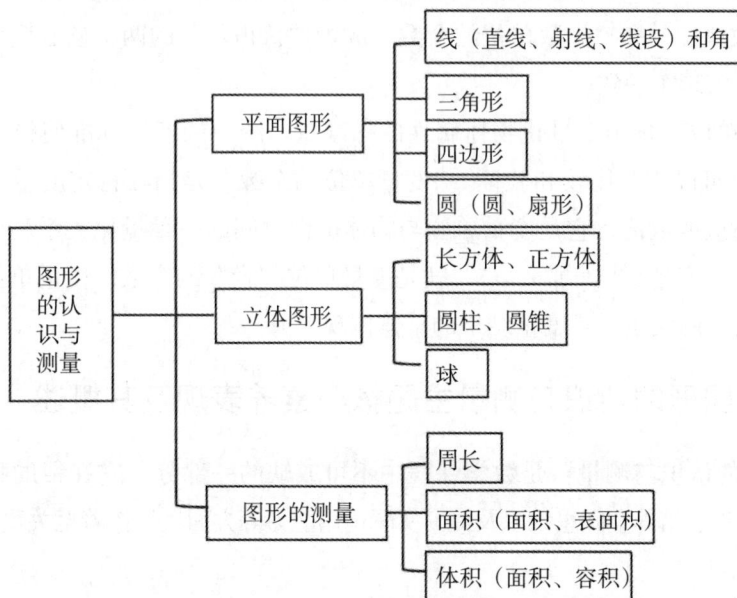

**图4-1 图形的认识与测量的内容框架**

## 一、图形的认识与测量内容概述

随着数学新课标对学段的调整，"图形的认识"和"图形的测量"这两个主题整合为"图形的认识与测量"一个主题，这有助于整体把握图形的空间特征（大小与关系），引入"度量"的学习工具，实现"数"与"形"的一致性。这样的调整更有利于发展学生的几何直观、空间观念和应用意识。

第一学段："图形的认识与测量"板块的主要任务是认识立体图形和平面图形，观察和思考，逐步形成空间观念；经历统一度量单位的过程，感受统一度量单位的意义，理解数学度量方法，初步形成量感和推理意识。

第二学段：图形与几何领域从一维空间拓展到二维空间，如面积和角度，让学生在丰富的图形的认识与测量活动中增强量感。

第三学段：图形与几何领域要学习一些平面图形的性质、周长和面积的计算，以及一些简单的多面体（如长方体）、旋转体（如圆柱）的体积和表面积的计算。对几何空间的认识将从二维空间拓展到三维空间。[①]

## 二、图形的认识与测量的本质理解

小学数学阶段"图形的认识与测量"的本质在于培养学生的空间观念和量化思维。通过具体的图形识别和度量活动，让学生理解图形的属性和测量的基本方法。其中，"度量单位"和"度量单位的个数"是"认识图形"的两个核心概念，这也使得"计数单位"和"计数单位的个数"成为"认识数"的两个核心概念，从而在认知结构上实现了一致。

"度量单位"是用于量化物体属性的标准量。统一的度量标准使得不同人之间的测量结果可以相互比较和验证。"度量单位的个数"是指在特定度量单位下，物体属性所对应的数值，它是度量单位与物体属性之间的一种量化关系。例如，如果一个物体的长度是5米，那么"5"就是度量单位"米"的个数。度量单位的个数反映了物体属性的大小，是度量结果的具体体现。

## 三、图形的认识与测量主题核心素养表现及其概述

"图形的认识与测量"是数学课程中不可或缺的一部分，它在帮助我们更好地掌握几何知识、培养空间思维以及提高实际运用能力等方面，发挥着至关重要的作用。

---

① 曹一鸣. 新版课程标准解析与教学指导. 小学数学[M]. 北京：北京师范大学出版社，2022：104.

"量感"的发展与"数感"相似，在小学阶段的不同年级需要逐步推进。第一学段重点是让学生通过直观感知和简单的操作来认识图形的基本属性；到第二学段则要引入度量工具，掌握基本的度量方法，并进行图形属性的量化比较；在第三学段，就是学习曲线与立体图形的属性，如图形的面积和体积计算。

"几何直观"是指学生对几何图形和空间关系的直接感知和理解能力。这是学生认识、分析和解决几何问题的基础。直观的几何操作和可视化展示可以帮助学生理解点、线、面、体等基本几何概念，促进学生空间观念的形成。

"空间观念"是学生认识和探索三维世界的基础。具备良好的空间观念能够帮助学生更好地理解物体的形状、大小和相互关系，从而更好地抽象出几何图形，并准确地描述实际物体。

## 四、图形的认识与测量主题教学建议

小学阶段"图形的认识与测量"在不同学段、不同年级有着不同的教学目标和内容，体现了结构化的一致性和学段性特点，如图4-2所示。一致性特点包括概念的连贯性（从长度到面积再到体积，度量单位的概念是连贯的，学生在不同年级学习的内容是相互联系的）、方法的递进性（测量方法从直观比较到使用工具，再到计算公式，体现了由简单到复杂的递进性）、思维的深化性（学生的空间观念和量化思维随着年级的提高而不断深化）。

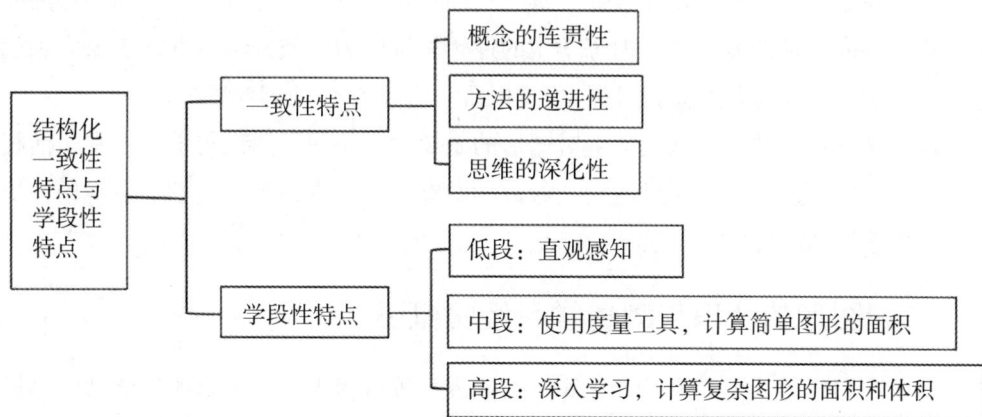

图4-2　图形的认识与测量的特点

"教—学—评"一致性是指教学目标、学习活动和评价方式三者之间的协调一致。这意味着教学目标要明确，学习活动要与目标相匹配，评价方式要能够准确反映学生对教学目标的达成情况。

# 第二节　图形的认识与测量主题"教—学—评"整体设计

图形的认识与测量主题教学应整体进行把握，抓住主题中的重要观念，建立整体结构，帮助学生理解"图形的认识"与"测量"之间的关联。利用本主题知识的一致性与学生的学习经验，通过"迁移"实现深度学习，并采用多元化的评价方式，发展学生的"量感""几何直观"和"推理意识"等核心素养。

## 一、图形的认识与测量教学经验概述

图形的认识与测量密不可分。"图形的认识"是"测量"的基础，而"测量"是从度量角度对图形特征的再认识。在主题教学活动中，教师应重点将直观感知与抽象思维相结合，设计测量的操作和体验活动，帮助学生积累测量活动经验，提高学生的图形素养和综合能力，发展学生的空间观念、几何直观、量感和推理意识。

设计实践性活动——积累学生的图形活动经验。例如，在学习平面图形时，鼓励学生通过描、画、印、拓等方式在纸上得到立体图形的"面"，直观感受图形的形状和特点；在学习周长这一节时，引导学生使用尺子等工具测量图形的周长，以加深对相关概念的理解。

设计挑战性任务——发展学生丰富的空间观念。例如，通过比较不同图形的面积大小、判断图形的类型等，训练学生的逻辑思维能力。鼓励学生发挥想象力和创造力，尝试用不同的方法解决问题或绘制图形，培养学生的创新思维。

设计趣味性活动——激发学生对图形的敏锐性。将图形知识与学生日常生活相联系，设计富有趣味性的课堂活动，如数学游戏、故事讲述等，让学生在轻松愉快的氛围中感知图形特征。

## 二、图形的认识与测量学习经验概述

学生在图形的认识、测量、计算、交流展示等过程中，会了解测量活动的多样性，体会测量在日常生活和图形认识中的重要性，并培养对图形学习的兴趣。

在图形实践操作活动中，学生能够直观地理解图形认识与测量的本质，并主动积累相关的活动经验。例如，在学习周长这一节中，学生通过"咱们班有一张温馨的大合照，现在要给它围上漂亮的边线，你知道边线在哪里吗？"这样的真实情境，动手解决"围大合照边线"的问题，在操作活动中理解并感受到什么是周长。

学生会在接受挑战性任务中不断尝试不同的图形特征认识与测量方法，以寻找答案。例如，学生根据提供的校园平面图，使用各种图形（如正方形、长方形、圆形、三角形等）来设计一张"寻宝图"。学生需要在图中隐藏几个"宝藏"的位置，并为其他同学提供寻宝线索。其他学生则需要利用对图形的理解来解读线索，找到宝藏的位置。通过这样具有挑战性的推理活动，学生能够加深对图形的认识和测量的理解，同时提升他们的空间想象能力、逻辑思维能力和问题解决能力，从而促进思维的发展。

学生会在趣味性活动中发现图形认识与测量的奥秘，并主动探究学习。例如，如何选取合适的"身体尺"进行测量？学生首先找到身体上的"尺子"：大拇指指甲盖大约是1平方厘米，大拇指指尖到食指指尖大约是1分米……然后选择合适的"身体尺"去测量教室中相应物体的长度或者面积。这样的课堂活动将枯燥的知识变得妙趣横生，有助于学生更快地理解和掌握知识点，提高学习效率。

## 三、图形的认识与测量评价方式概述

在图形认识与测量主题的教学活动中，可以采用以下评价方式。

### （一）课堂表现评价

对学生的正确回答或良好表现给予积极评价，如"你识别图形的速度真快！""你的测量方法很准确！"等，以激发学生的自信心和学习兴趣。教师还可以通过提问或引导的方式，启发学生深入思考，如"你能否从另一个角度看待这个问题？""你觉得这个图形和之前学过的哪个图形有相似之处？"等，以培养学生的思维能力和创新精神。通过这种积极和鼓励性的评价，为学生提供有针对性的指导和帮助。

### （二）练习及时评价

可以设计一些情境问题或应用题，让学生运用所学知识解决问题。例如，评价题目如下：

1. 小明居住地附近有一个足球场，其长度为135米，宽度为65米。小明绕场跑了两圈，计算小明总共跑了多少米。

2. 李奶奶计划用篱笆围起一个长8米、宽6米的长方形菜园。请问需要多少米的篱笆？

3. 奇思从一张长23厘米、宽15厘米的长方形纸上剪下了一个最大的正方形，剩余部分的周长共计多少厘米？通过这样的实际问题，可以进一步评估学生是否掌

握了计算图形周长的方法，是否能够探索图形知识与日常生活的关系，以及是否提高了解决实际问题的能力。

### （三）项目长期评价

设计小组活动，例如任务"小小测量师"。要求学生先对要测量的物体进行估算，然后再进行实际测量（可以测量的物体包括：书桌、门、数学书、客厅等）。同时，将测量过程拍照记录。在具体的项目活动中，评价学生是否能进一步理解周长的计算方法并能解决简单的问题，评估他们的独立思考能力、乐于学习的态度以及合作沟通的能力。

## 四、图形的认识与测量单元作业设计概述

根据图形的认识与测量的内容特点以及课时、单元目标，可以设计出具有层次性、实践操作性和综合性等特点的作业。设计作业时，应遵循以下原则。

### （一）层次性原则

图形的认识与测量作业设计应体现层次性，满足不同学生的学习需求，使每个层次的学生都能得到适合的练习。对于基础较弱的学生，可以设计一些简单的题目，帮助他们巩固基础知识，例如：什么是周长？正方形的周长是其边长的几倍？对于基础较好的学生，可以设计一些更具挑战性的应用题，引导他们进行深入的思考和探究，例如：一个周长为20厘米的长方形，当其长和宽各是多少时，其面积最大？请列表说明。

### （二）实践性原则

图形的认识与测量是一门实践性很强的学科，因此作业设计应注重实践操作。可以设计一些实际测量任务，让学生使用测量工具对图形进行测量，并记录测量结果。例如：选择生活中你喜欢的物体，测量它的体积和容积。这样的作业形式不仅有助于提高学生的动手能力，还能让他们更直观地理解图形的属性和测量方法，帮助学生积累丰富的生活经验。

### （三）综合性原则

图形的认识与测量作业设计应体现综合性，这样不但可以将图形的认识和测量与其他数学知识点融合，还可以与其他学科知识结合，从而提高学生的数学素养。

例如：可以将图形的面积、体积计算与代数运算相结合，设计一些综合性的应用题。又如：根据你学过的图形，设计一幅作品。

# 第三节　图形的认识与测量主题典型案例

小学阶段"图形的认识与测量"分为三个阶段。第一学段的图形与几何的主要任务是认识立体图形和平面图形，培养学生的观察和思考能力。第二学段加强了对"量感"的要求，旨在增强学生的空间观念和量感。第三学段则是将几何空间的认识从二维空间拓展到三维空间。关于图形的认识与测量知识的整体解读如表4-1所示。

表4-1　图形的认识与测量知识整体解读

| 年级 | 学业要求 | 内容要求 | 核心素养表现 |
|---|---|---|---|
| 一下 | (1) 通过直观感知，认识长方形、正方形、三角形和圆，感受"面在体上"的概念。<br>(2) 能根据图形的描述特征进行简单分类。<br>(3) 能使用简单的图形进行拼图，并能识别组合图形中各部分的名称 | (1) 通过实物和模型辨认平面图形。<br>(2) 能对图形分类。<br>(3) 会用简单图形拼图 | 量感 |
| 二上 | 体会到统一单位的重要性，能够恰当地选择长度单位米、厘米来描述生活中常见物体的长度，并能进行单位之间的换算；能够估测一些身边常见物体的长度，并能借助工具测量生活中物体的长度 | 结合生活实际，认识到建立统一度量单位的重要性，了解长度单位如米和厘米的概念。掌握如何估测一些物体的长度，并进行实际测量 | 空间观念 |
| 二下 | 能够识别长方形、正方形、平行四边形、三角形和圆等平面图形，并能够直观地描述这些平面图形的特征。可以根据描述的特征对图形进行简单分类 | 通过实物和模型辨认简单的立体图形和平面图形，能对图形进行分类 | 模型意识 |
| 三上 | 通过使用直尺和圆规将三角形的三条边依次画到一条直线上，可以直观地感受三角形的周长，理解图形的周长的概念。能够测量三角形、长方形和正方形的周长，并掌握计算长方形和正方形周长的方法 | 结合实例认识周长和面积;探索并掌握长方形、正方形的周长计算公式 | 几何直观 |

| 年级 | 学业要求 | 内容要求 | 核心素养表现 |
|---|---|---|---|
| 三下 | 认识面积，能够通过具体事例描述面积单位如平方厘米（cm²）、平方分米（dm²）、平方米（m²），并能进行面积单位之间的换算。在解决图形面积的实际问题过程中，逐步积累操作经验，形成量感和初步的几何直观 | 结合实例认识面积，探索并掌握长方形、正方形的面积的计算公式。在面积的认识与测量中，形成初步的空间观念和量感 | 应用意识 |
| 四上 | 能说出线段、射线和直线的共性与区别；知道两点间所有连线中线段最短，能在具体情境中运用"两点之间线段最短"解决简单问题；能辨认同一平面内两条直线是否平行或垂直，形成空间观念和初步的几何直观 | 结合实例认识线段、射线和直线；体会在两点间所有连线中线段是最短的，知道两点间的距离；会用直尺和圆规作出一条与已知线段相等的线段；了解同一平面内两条直线的位置关系 | 推理意识 |
| 五下 | (1)学生能够计算长方体和正方体的体积，并能正确选用相应的公式解决简单的实际问题，形成空间观念和初步的应用意识。(2)能说出体积单位米³、分米³、厘米³，以及容积单位升和毫升，能够进行单位换算，并能选择合适的单位来描述实际问题 | (1) 通过生活中的实际例子了解体积(或容积)的基本意义，知道体积(或容积)的度量单位；能够进行简单的单位换算；体验不规则物体体积的测量方法。(2) 探索长方体、正方体的体积计算公式，并能熟练使用这些公式解决简单的实际问题 | 应用意识 |

## 【典型案例A】测量长度单位的认识

### 一、单元内容解读

本单元属于"图形与几何"领域中的图形测量知识，是小学阶段度量单位学习的起始单元，为后续学习其他度量单位奠定了基础。

本单元是在学生已经学习了"比长短"并对长、短的概念有了初步认识和生活经验的基础上进行的，主要内容是在实际测量活动中认识长度单位厘米和米，并理解厘米和米的实际意义。教材在组织测量活动时，会把估测与实际测量相结合，先让学生估测物体的长度，然后再进行实际测量。具体内容框架如图4-3所示。

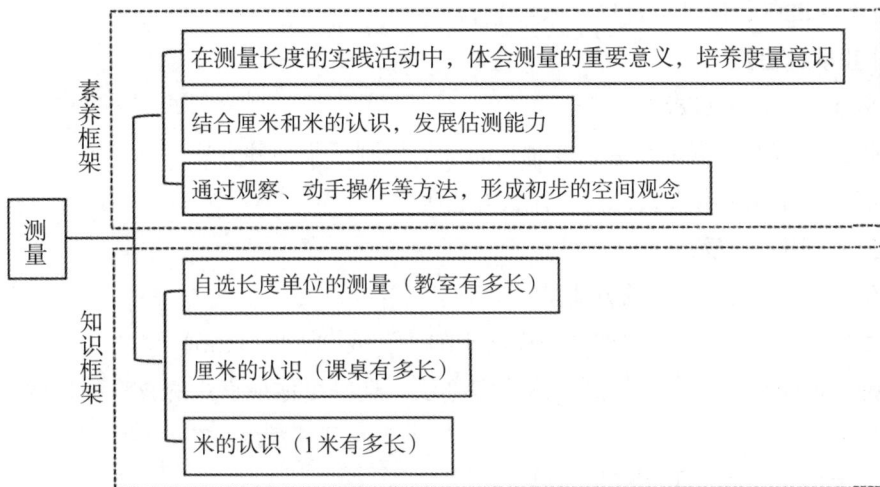

图4-3  测量的内容框架

## 二、学情分析

二年级的学生虽然年龄较小，但对尺子并不陌生。他们在生活中见过直尺、米尺和卷尺，知道可以用尺子连线或测量物体的长度。然而，对于如何具体使用尺子来量物体的长度以及如何表达测量结果，学生的描述还比较模糊。对于1厘米的长度，只有少数孩子能够基本准确地比画出来。因此，建立厘米的长度表象非常重要，正确的测量方法和测量结果的描述都是本节课的关注点。在实际教学中，教师应以教材为蓝本，结合生活实际，开展丰富多样的测量活动，增强学生对测量工具、测量方法以及测量结果的理解。通过让学生在动手实践、自主探索、合作交流的过程中，增强他们对数学知识的理解，发展学生的量感，并初步建立空间观念。

## 三、重点课例设计——课桌有多长

【教学内容】北师大版小学数学二年级上册第六单元第2课时"课桌有多长"。

【教学目标】

1. 在操作和交流中，学会用刻度尺测量物体的长度，初步认识长度单位厘米（cm），建立1厘米的长度观念。

2. 在合作和讨论中获取知识，掌握方法，并体验学习的乐趣，初步发展空间观念和量感。

【教学重点】初步认识统一度量单位的必要性。

【教学难点】体会厘米（cm）的实际意义，初步学会估测物体长度的方法。

【**教学准备**】课件、直尺、米尺等。

【**教学过程**】

**环节一 以旧引新**

**师**：上节课在测量教室长度时，同学们想到了很多种方法。真了不起！今天我们要继续测量课桌有多长，你有什么方法吗？

**生1**：用直尺量；

**生2**：用摆放数学书的方式量；

**生3**：用身体尺量，比如"一拃（zhǎ）①"或"一庹（tuǒ）②"。

**师**：同学们真厉害！想到了这么多办法，选一个你最喜欢的方法测量课桌的长度吧！

学生独立完成，集体汇报结果。

**生1**：测量后课桌有6拃长。

**生2**：课桌比2本数学书长一些。

**生3**：我量得课桌有5拃长。

**生4**：课桌和2个半文具盒的长度差不多。

**生5**：课桌刚好3把尺子那么长。

**师**：这么多结果！我也试一试（老师现场量），课桌大约4拃长。为什么同样的课桌，测量结果却不一样呢？和同伴说一说。

**生**：因为选择的测量工具不同，所以结果就不同。

**环节二 探究新知**

1. 介绍刻度尺。

**师**：智慧的祖先发明了用来测量物体长度的工具，那就是刻度尺。请大家拿出尺子，仔细观察一下，看看尺子上都有什么，然后和同桌交流一下。

学生认真观察直尺，并进行集体交流汇报。

**生1**：尺子上有数字，从0开始，从左往右，数字依次增大。

**生2**：尺子上有两个字母"cm"。

**生3**：尺子上有长短不一的竖线。

2. 认识刻度尺。

（课件展示）放大的刻度尺，边说边演示。

**师**：刻度尺上的数字是从几开始的？

**生**："0"。

---

① 拃：量词，张开手掌，大拇指和中指两端间的最大距离为一拃。

② 庹：量词，成人两臂左右平伸时两手之间的距离。

**师追问**："0"在这里表示什么？（没有或起点）

**生**：这里的"0"表示起点。

**师板书**：0刻度（起点）

**师**：和同桌的同学一起数一数刻度尺上的数字，你还有其他发现吗？

**生1**：直尺上的数字是从0到20，每相邻两个数字之间的距离是一样的。

**生2**：尺子上有长短不一的线，数字上方的线要长一些，两个数字之间的线要短一些。

**生3**：0刻度的后面有两个字母cm。

**师**：你们观察得真仔细！尺子上这些长短不一的线就是刻度线，而字母cm是长度单位"厘米"的英文缩写。

**师**：不要小看这些长短不一的竖线，它们在精确测量物体的长度方面起着重要的作用。

3.1厘米有多长。

**师**：你能在尺子上找到1厘米吗？

学生在尺子上找，集体交流汇报。

**小结**：刻度尺上每相邻两个刻度之间的长度就是1厘米，1厘米作为测量标准的量，也叫度量单位。

**师**：用手比一比，1厘米有多长？（每人发1根1厘米的小棒）

学生用拇指和食指捏住小棒，反复拿放，建立1厘米的概念。

**师**：在生活中，哪些物体的长度大约是1厘米？找一找，量一量。

**生1**：食指的宽度大约是1厘米。

**生2**：图钉的长度大约是1厘米。

**生3**：语文书的厚度大约是1厘米。

4.感受2cm、5cm、10cm有多长。

**师**：同学们找到了这么多长度约为1厘米的物品，真不错！那么，你能在尺子上找到2厘米、5厘米、10厘米的刻度吗？试一试，然后和同桌交流一下。

学生先独立寻找2厘米、5厘米、10厘米的长度，然后全班交流。

**生1**：从刻度0数到刻度2的长度是2厘米。

**生2**：从刻度0数到刻度5的长度是5厘米。

**生3**：从刻度0数到刻度10的长度是10厘米。

**师**：大家都是从0刻度开始数的，能不能从其他刻度开始数呢？

**生1**：可以。从刻度1数到刻度3是2厘米。

**生2**：从刻度5数到刻度10是5厘米，10-5=5厘米。

**生3**：我发现从刻度3数到刻度13是10厘米，13-3=10厘米。

**师**：同学们不仅通过数格子找到了相应的长度，还发现可以用大刻度减去小刻度的方法，直接求出长度。

**【课堂小游戏】**

抢答：说出0～4、1～15、7～20的刻度尺分别对应几厘米的长度？

5. 量一量。

**师**：看同学们学得这么好！小熊兄弟想请你们帮个忙，看看它们量得对不对？

先独立思考，再与同桌互相交流，然后全班讨论。

**生1**：第1只小熊的测量方法是错误的，因为铅笔没有与0刻度对齐。

**生2**：第2只小熊的测量是正确的，铅笔从0刻度指到5刻度，长度正好是5厘米。

**生3**：第3只小熊的测量结果是错误的，铅笔从1刻度指到6刻度，6减去1等于5厘米，所以铅笔的长度应该是5厘米。

**生4**：第4只小熊的测量是正确的，铅笔从1刻度指到6刻度，6减去1等于5厘米。

**师**：你能用自己的话说一说，在测量物体长度时，需要注意什么吗？

**生1**：尺子要放平，不能倾斜。（板书：放平）

**生2**：物体的左端要与刻度尺的"0"对齐。（板书：对齐"0"）

**生3**：看物体的右端对着哪个刻度，物体的长度就是那个刻度数。（板书：读数）

**生4**：如果从任意刻度开始测量，用大刻度减去小刻度，结果就是物体的长度。

**师**：同学们总结得很到位。我们也来量一量。

请测量第4颗绿点线段的长度。

学生独立测量，教师巡视，全班汇报。

**师**：同学们都量出了这条线段长4厘米，真厉害！测量时要特别注意哪三点？（学生齐答）

6. 画一画。

**师**：那你能画出一条长4厘米的线段吗？

学生先独立画，老师巡视，同桌相互检查。

**师追问**：如果尺子断了，没有0刻度，该怎么量？怎么画呢？

**生**：从任意整刻度开始量或画，用大刻度减去小刻度，得到的差就是物体的长度。

**环节三　模型运用**

1.估一估，量一量。

铅笔长约（　　）厘米　　　　　　橡皮长约（　　）厘米

文具盒长约（　　）厘米　　　　　课桌长约（　　）厘米

2.画一条长8厘米的线段。

**环节四　回顾反思**

**师**：通过今天的学习，你有什么收获？

**生1**：我认识了长度单位厘米，知道了1厘米有多长。

**生2**：我知道了如何测量物体的长度，特别要注意对齐"0"刻度。

**生3**：用断掉的尺子也能测量物体的长度，物体的长度就是大刻度减去小刻度的差。

**环节五　课后测评**

1.说一说：图中的物体各是几厘米？

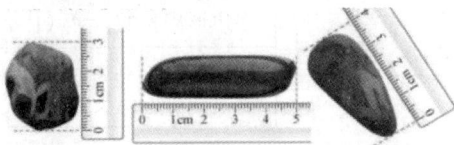

2.怎样用"断尺子"画出一条长6厘米的线？

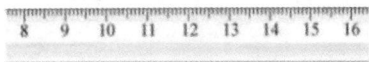

3.关于本案例的评价量表如表4-2所示。

表4-2　"教—学—评"一致性评价量表

| 评价目标 | 评价任务 | 评价标准 |
|---|---|---|
| 理解统一度量单位的必要性 | 课堂上关注学生能否用不同的方法测量出课桌的长度；能否想到测量结果不同的原因 | （1）能用不同的方法测量出课桌的长度。<br>（2）能想到测量结果不同的原因 |
| 能借助刻度尺，感知1厘米有多长；能用手比画出1厘米的长度；能列举出生活中长度约为1厘米的物体 | 关注学生能否在刻度尺上找到1厘米；能否用手比画出1厘米有多长；能否列举出生活中长度约为1厘米的物体 | （1）能够在刻度尺上找到1厘米。<br>（2）能够比较准确地用手比画出1厘米的长度。<br>（3）学生能列举生活中长度约是1厘米的物体 |
| 理解厘米的实际意义，会用刻度尺量（限整厘米数）物体的长度；会画（限整厘米数）线 | 关注学生能否正确使用刻度尺测量物体的长度；能否使用刻度尺画出规定长度（限整厘米数）的线 | （1）学生能够正确使用刻度尺测量物体的长度，会用数或者计算的方法得出物体的长度。<br>（2）能够使用刻度尺画出规定长度的线 |

## → 【典型案例B】图形的周长 ←

### 一、单元内容解读

本单元的重点是理解周长的含义，学习如何测量和计算某些简单图形的周长，并探索和掌握长方形和正方形周长的计算方法。具体内容框架如图4-4所示。

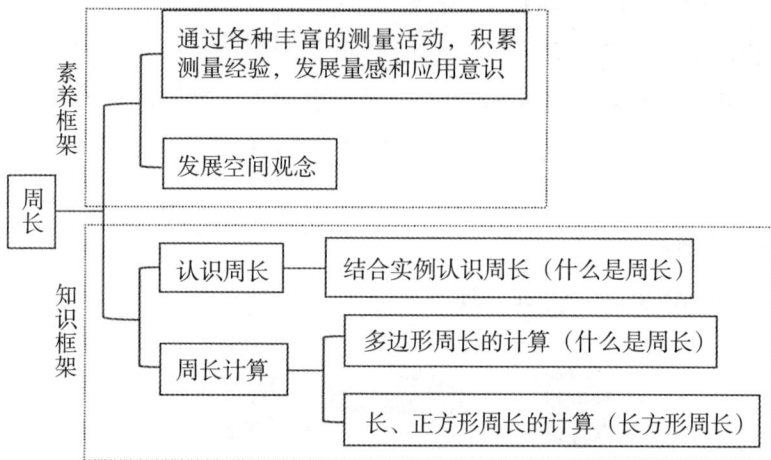

图4-4 周长的内容框架

### 二、学情分析

学生已经认识了基本的平面图形，如三角形、长方形和平行四边形，并初步了解了基本的长度测量方法。三年级的学生对周长的概念已有一定的理解，但对物体的面积和周长的理解还很模糊。例如，他们很容易误认为物体的面积大，周长就长，物体面积小，周长就短。

### 三、重点课例设计——什么是周长

【教学内容】北师大版小学数学三年级上册第五单元第1课时"什么是周长"。

【教学目标】

1.通过动手操作、语言表达和观察，认识物体表面或图形的周长。

2.会计算多边形、物体表面或图形的周长，并在探索中找到简便方法。

3.在具体的测量周长活动中，发展学生的合作技能，感受周长与生活的联系。

【教学重点】认识什么是周长，并会测量物体表面或图形的周长。

【教学难点】建立周长的空间观念。

【教学准备】多媒体课件、树叶、A4纸、有刻度的直尺、绳子等。

【教学过程】

**环节一　情境引入**

师：淘气放学回家，发现有一只可爱的小蚂蚁在树叶上开心地玩耍。孩子们，请你们仔细观察，小蚂蚁是怎么爬的呢？

生：蚂蚁沿着树叶的边缘走。

师：边缘也可以叫边线，沿着边线走了多长呢？

生：小蚂蚁沿着树叶外面的边线爬了一圈。

师：树叶外面边线的一圈也可以叫"一周"。（板书"一周"）

**环节二　模型建构**

1. 摸一摸。

师：谁愿意来摸一摸树叶的边缘？

一名学生上台摸，其他学生仔细观察。

师：他是怎么摸的？

生：沿着树叶的边缘摸了大半圈。

师：这样对吗？在摸的过程中需要注意什么？

生：不对，应该沿着树叶的边缘摸完整一圈。

师：那谁再来尝试摸一摸呢？

另一名学生上台摸，其他学生观察。

师：他这样摸对吗？

生：不对，虽然他摸了一圈树叶的边缘，但他也摸了树叶内部的线。

师：摸的过程中有哪些注意事项？

生：从树叶上的一点出发，做好标记，沿着树叶的边缘走一圈，最后回到刚刚标记的点。

师：起点必须一样吗？

生：可以选择不同的起点，只要从这个点沿着树叶走一圈，最后回到这个起点即可。

2. 描一描。

师：刚刚我们摸了树叶的边缘线，你能在纸上画出树叶的边缘线吗？

学生在纸上描绘树叶的边缘线，教师巡视指导。

**展示交流：**

生：我先在树叶边缘线上找了一个点作为起点，一

手压着树叶，一手拿笔从起点出发，沿着树叶边缘线画一圈，再回到起点。

**师：** 你的动手能力真强，细节也说得特别清楚。

3. 找一找。

**师：** 刚刚我们描绘了树叶的一周，你在生活中还能找到哪些物体表面的一周？

**生1：** （学生拿着数学书，边摸边说）这是数学书封面的一周。

**生2：** （学生一边指着黑板一边说）这是黑板表面的一周。

**生3：** （学生一边指着课桌一边说）这是课桌表面的一周。

……

**师：** 你们真是热爱生活，会观察的孩子呀！

4. 总结周长概念。

**师：** 刚刚孩子们找到了很多物体表面的周长，现在我们只保留物体表面的边线，来看看这些图形有什么特点？

**生：** 图形没有缺口。

**师：** 对，像这样的图形也叫作封闭图形。那你能尝试说一说什么叫作图形的周长吗？

**生1：** 图形一周的长度就叫作周长。

有一些学生迫不及待地举手。

**生2：** 我有补充，封闭图形一周的长度才叫作周长。

**师：** 你是一个思维严谨的孩子。正如你所说，封闭图形一周的长度就是图形的周长。（板书）

5. 测量周长。

**师：** 刚才我们认识了图形的周长，那么如何测量图形的周长呢？请大家拿出自己的树叶，小组合作，一起思考如何测量树叶的周长。

**合作要求：**

1. 每个人分工明确，确保每个人都有任务并能发表意见。

2. 确定测量工具是什么，并注意测量过程中的细节。

3. 记录数据，测量结果取整厘米数。

四人小组合作交流，教师巡视指导。

**师：** （发出口令）时间到。

**生：** 好。

**师：** 哪一组来汇报？（学生积极举手）请第三小组的孩子来汇报。（四个人一起上台）

生1：我们小组没有用直尺直接测量，因为树叶的周围不是直线。

生2：我们首先用准备好的绳子沿着树叶的边缘绕一圈，这里需要两个人一起合作，因为绳子不容易固定。

生3：然后用直尺测量绳子的长度，绳子的长度就是树叶的周长。我们小组测得树叶的周长是12厘米。

生4：在测量过程中需要注意，多次测量绳子的长度，以免出错。

师：这一组的孩子分工非常明确，还特别关注每个细节和容易出错的地方。他们小组将曲线转化为直线，这种方法就是"化曲为直"的思想方法，这种方法更方便计算。

**环节三　模型运用**

师：刚才孩子们探索了关于周长的奥秘，接下来我们来挑战两道题吧！

1. 描出下面图形的边线。

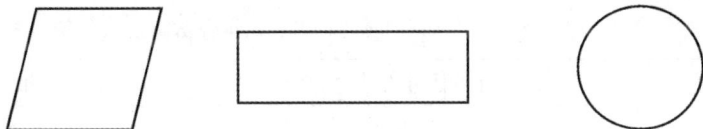

学生认真完成，教师进行指导，并在全班订正答案。

2. 一根木条做成的长方形框架，拉成不同的形状，周长变大了吗？为什么？

生1：变大。

生2：不变。

师：请生2说一说理由。

生2：因为都是同一根木条，不管变成什么形状，总长度都是一样的。

师：你真是一个会思考的孩子，有理有据。（面向生1）孩子，你听懂了吗？

生1：我听懂了，只要是同一根木条，即使形状发生变化，周长也不变。

**环节四　回顾反思**

师：以上就是我们今天学习的内容，请你们说一说，通过今天的学习，你们有什么收获？

生1：我知道了什么是周长。

师：你能具体说说什么是周长吗？

生1：封闭图形一周的长度就是周长。

师：还学到了什么？

生2：学会了"化曲为直"的方法，这样计算更方便。

生3：体会到合作学习的必要性。

……

**师**：孩子们的收获真不少呀！今天学习的内容与生活息息相关，希望大家能将今天学到的知识应用到生活中去。

环节五　课后测评

1. 数一数，下面图形的周长分别是多少厘米？

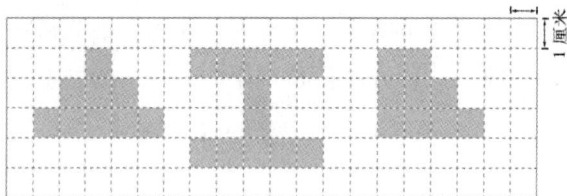

2. 找一找生活中的一样物品，测量它的周长。（如：书桌、门）

3. 关于本案例的评价量表如表4-3所示。

表4-3　"教一学一评"一致性评价量表

| 评价目标 | 评价任务 | 评价标准 |
|---|---|---|
| 初步感知图形边线的"一周" | （1）课堂上关注学生是否能够触摸并描绘出树叶的边缘线。<br>（2）是否能够找出生活中物体表面的一周，并正确触摸出物体表面的边缘线 | （1）学生能正确摸、描出树叶的边线。<br>（2）能通过观察，找出生活中的物体的一周，并能通过摸一摸的方式进一步理解感知物体表面的一周 |
| 能通过操作、观察总结周长的定义 | 关注学生是否能总结出周长的定义？ | （1）能大致归纳出周长的定义。<br>（2）能在教师的引导下，用严谨的语言表达方式归纳总结出什么是周长 |
| 会测量树叶的周长 | 关注学生是否知道树叶的周长是如何测量的，是否能正确测量出树叶的周长 | （1）能正确选取测量工具：绳子、直尺。<br>（2）能想到用"化曲为直"的思想方法测量出树叶的边缘线。<br>（3）能准确操作，并能总结出操作中的注意事项 |

➡ **【典型案例C】面积的认识** ⬅

## 一、单元内容解读

学生在三年级上册已经认识了周长，并学会计算长方形、正方形等平面图形的周长。在三年级下册第五单元，我们将学习面积的概念，以及平方米、平方分米和平方厘米等面积单位及其换算关系，并学习长方形和正方形的面积计算。具体内容框架如图4-5所示。

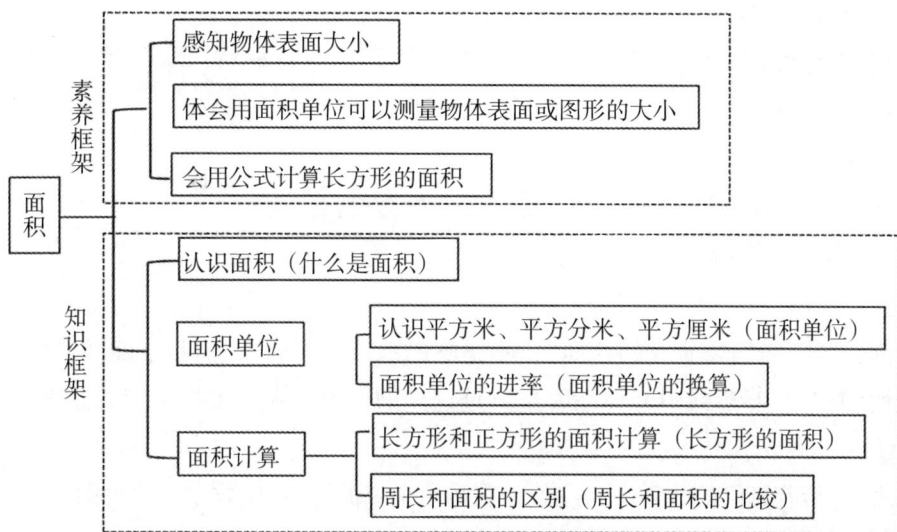

图4-5 面积的内容框架

## 二、学情分析

三年级下册的学生已经具备一定的生活经验，对面积有一定的感知。他们在生活中见过许多铺有地砖的地面，并会比较不同平面图形的大小。对于部分同学来说，周长的学习可能会对面积的学习产生一定的负迁移。因此，本节课将从面积的本质出发，帮助学生正确认识面积，并深入理解什么是面积。

## 三、重点课例设计——什么是面积

【教学内容】北师大版小学数学三年级下册第五单元第1课时"什么是面积"。

【教学目标】

1.经历比较图形面积大小的过程，探索比较图形大小的方法（重叠法、剪拼法、测量法），积累比较图形面积的直接经验。

2.通过度量面积大小的活动，理解面积的实际意义。

3.在比较图形面积大小的过程中，养成独立思考、勇于探索的习惯。

【教学重点】理解面积的实际意义。

【教学难点】探索比较图形大小的方法，并用数值表示出图形的面积。

【教学准备】1.①②两张长方形卡片为1组，每对同桌1组卡片；为每个4人小组准备一个学具袋，里面装有这些学具：①③两张长方形磁贴片，17个小正方形，17个小圆形，40个小正三角形。（其中2个学具袋里的小正方形只配10个）

2. 塑料球1个。

【教学过程】

**环节一 情境引入**

1. 认识"面"。

**师板书**："面积"，看到这个"面"字，你会想到什么？

**生**：泡面（脸面、表面……）

**生**：平面。

**师**：今天我们要研究的"面"，不是吃的泡面的"面"，而是平面的"面"，物体表面的"面"。生活中，你在哪里见过这样的"面"呢？去摸一摸，感触这样的"面"。

**生**：（指着自己的数学书）这就是它的一个"面"，叫作数学书的封面。

**师**：（拿起数学书）这本数学书还有哪些面？摸一摸，说一说。

**生**：（边摸边说）上面，下面，左面，右面，前面，后面。

**生**：数学书一共有6个面。

**师**：数学书的上面和左面相比，有什么不一样？

**生**：数学书的上面要大一些，左面要小一些。

**师**：你还看到有什么面吗？

**生**：桌面。（教室地面、黑板面……）

**师**：（拿出小球）你们找到了那么多的"面"，我这里也有一个，谁来摸一摸它的"面"，和课桌面相比，有什么不一样？

**生**：（摸球之后指着说）这个球面是弯的，课桌面是平的。

**生**：课桌面大一些，球面小一些。

2. 讨论"面积"的意思。

**生**：两个数相乘的结果就叫积，面积是不是跟乘法有关呢？

教师出示收集的学生做的前测，学生读一读：

**师**：到底什么是面积呢？

**师**：数学书封面的大小，就是数学书封面的面积。

**生**：那数学书侧面的大小就是数学书侧面的面积。

PPT展示教室地面。

**师：**你能说说什么是地面的面积吗？

**生：**地面的大小就是地面的面积。

环节二 量感体验

1. 具体比较。

**师：**图形的"面"的大小就是"面积"，怎样才能知道图形的面积呢？

PPT展示情境图：

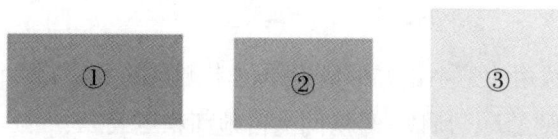

**师：**这里有①②③三间教室，请问，哪一间教室的占地面积最大呢？

**师：**我们可以先比较①②教室。

（在黑板上贴上①②教室的长方形模型，学生们拿出①②长方形进行比较。）

**师：**你有什么办法可以比较出①②教室哪个面积更大？

**生：**我把两个长方形重叠起来，发现①教室更大。

**师：**①教室比②教室大，现在我们再比一比①教室和③教室哪个更大。

（在黑板上贴上①③教室的长方形模型。）

学生上台，将①③两个长方形重叠，发现无法直接比较出结果。

**生：**可以把多出来的红色和黄色部分剪下来，再重叠比较，看看谁多出来的部分更多，谁的面积就更大。

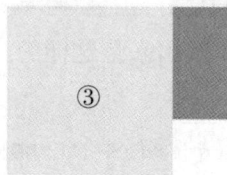

2. 量化面积。

**师：**现实生活中很多图形是不能直接剪下来比较的，你还有其他的方法来比较吗？

**生：**可以把两个图形的长和宽都测量出来，然后加起来，比较谁大。

**生：**不可以，你这样比较的是周长，我们要比的是面积，是图形内部的大小。

**师：**真棒！你很能发现这两者之间的本质区别。

**生：**面积和周长是不一样的，面积是图形"面"的大小，而周长是图形"一周"的长度。

生：可以数一数每间教室的地砖有多少块，地砖多的教室占地面积就大。

师：她受到了铺地砖的启发，用小图形来测量大长方形的面积。现在我们就用这种方法来试一试。

PPT出示小组活动要求：

1. 选择一种图形作为单位来测量；

2. 量一量有几个这样的图形。

生1：我们组选用的是小正方形作为单位来测量的。①有8个小正方形那么大，③有9个小正方形那么大，所以3号房间的占地面积更大。

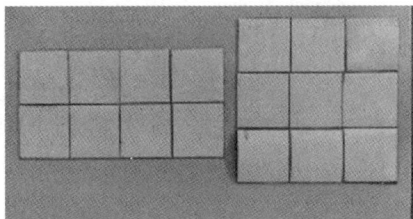

教师再找到只得到10个小正方形学具的小组，出示他们摆出来的图形：

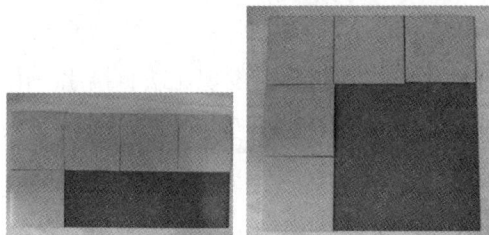

师：这个小组的小正方形不够，摆出来是这样的。你能知道两间教室分别是几个小正方形那么大吗？

生：虽然没有摆满，但我知道一行有4个，能摆这样的2行，所以2×4=8（个）小正方形，①有8个小正方形那么大；③一行有3个，有3行，3×3=9（个）小正方形，③有9个小正方形那么大。

师：咱们通过摆小正方形来测量大长方形的面积有多大，然后可以数或者算，它们分别有几个小正方形那么大，就知道图形的面积了。

师：刚才你尝试了不同的小图形作为测量单位来测量长方形的面积，你们觉得选择什么图形作为测量单位最合适呢？

生：用小正方形最合适，用圆和三角形都铺不满。

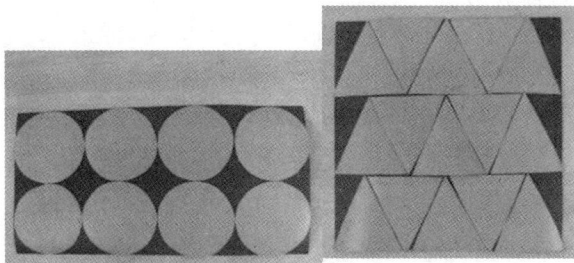

**师**：用来测量面积的单位，我们称之为面积单位。

**师**：我们会用"多少个面积单位"来表示图形的面积。那么，下面这些图形的面积是多少呢？请你独立思考并完成。

下面几个图形的面积有多大？你是怎么想的？

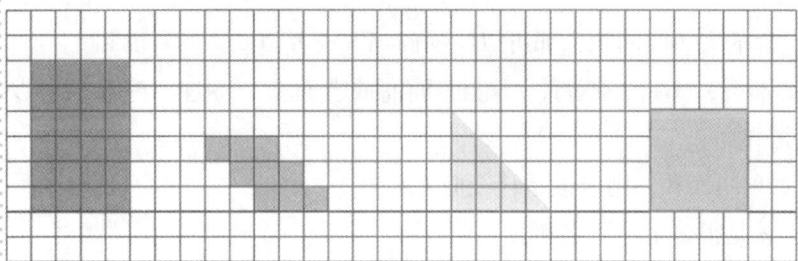

（　　）个＿＿　　（　　）个＿＿　　　（　　）个＿＿　　（　　）个＿＿

**生1**：第一个图形，每行有4个小正方形，共6行，4×6=24个小正方形；第二个图形，只需平移一下就能组成一个正方形，每行有3个小正方形，共3行，3×3=9个小正方形。

**生2**：第二个图形不需要平移，本来每行就有3个小正方形，共3行，3×3=9个小正方形。

**生3**：这个三角形中完整的小正方形有6个，边上的2个三角形可以拼成1个小正方形，所以一共有6+2=8个小正方形。

**生4**：我将每个小正方形分成2个三角形，结果这个大三角形有16个小三角形。

**师**：这里的图形面积可以用多少个小正方形或多少个三角形来表示。

**生5**：第四个图形虽然里面看不到格子，但从外形可以看出，每行能放4个小正方形，共4行，4×4=16个，所以它的面积相当于16个小正方形。

**师**：我们了解了面积，并且学会用面积单位的个数来描述图形的面积大小。现在回头看看我们课前提出的问题，你能解决了吗？

**师**：第一个问题，什么是面积？

生：面的大小就是面积。

师：面积是否与乘法有关？

生：是的。在计算个数时我们用到了乘法。面积单位的个数就是乘积。

师：面积和周长是一样的吗？

生：不一样。周长是图形一周的长度，而面积是图形内部的大小。

师：面积是表示大小还是表示多少？

生：表示面的大小，也表示多少，即表示面积单位的数量。

师：面积是一面的个数吗？

生：是的，是面积单位的个数。

师：会思考的孩子们不仅提出了问题，还自己解决了问题，非常能干！你们现在还有什么问题吗？

生1：面的大小叫面积，那可以叫面商吗？或者面差？或者面和？

生2：不行，不行，不行。不能叫面商或者面差。不过，好像也可以叫面和。积本来就是和啊。

师：如果叫面和，则应该是什么面之和？

生3：就是很多个小面之和。

生4：就是测量单位的面之和。

**环节三　模型建构**

师：图形的周长和面积都是度量出来的，请你看动画。

教师播放PPT动画：

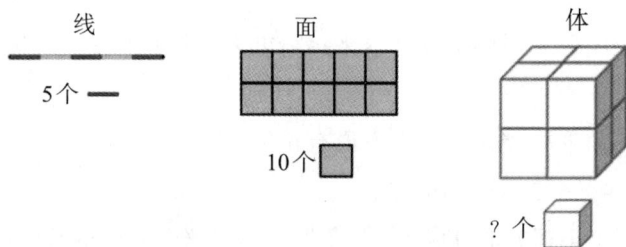

师：（播放点动成线的动画）这里有一个点，它没有长短和大小。我们让它往前移动，走、走、走、走……停，现在变成了一条线，线有了长短。

师：我想测量这条线有多长，我们是这样做的。（动画展示短线段度量长线段的过程）

师：（播放线动成面的动画）接下来我让线平移，走、走、走、走……停，就变成了一个面，面有了大小。

**师**：我想测量这个面有多大，我们是这样做的。（动画展示小面度量大面的过程）你发现度量图形长度和度量图形大小之间有什么相同之处吗？

**生**：我知道了，它们都是用一个东西来量，看有几个东西那么多。

**师**：用来测量的这个东西就是测量单位。我们通过数或者计算测量单位的个数，就能知道线段或者面有多少个测量单位。

**师**：（播放面移动成体的动画）现在我让这个平面平移，让它往上移动……停，现在它变成了一个立体图形。

**师**：如果我想测量这个立体图形的体积，我该用什么来测量呢？

**生**：我们可以用小正方体来测量，看这个大正方体里有多少个小正方体？

**师**：对！测量线的长度、面的面积、体积的大小，这三件事都是用测量单位的数量来描述它们的长短或大小。

**生**：我有疑问，如果我们想知道更大的面积有多大，也要用小正方形来测量吗？

**师**：请你举出具体的例子，可以说：比如……

**生**：比如，我想知道金堂县有多大？中国有多大？那要用多少个正方形来测量啊？

**师**：是啊！想知道更大的面积怎么去测量呢？我们可以先自己想想解决办法，等这个单元学完后，再看看你有没有更好的解决办法。

### 环节四　模型运用

1. 如图，用方砖铺满空地，哪块空地用的方砖最少？

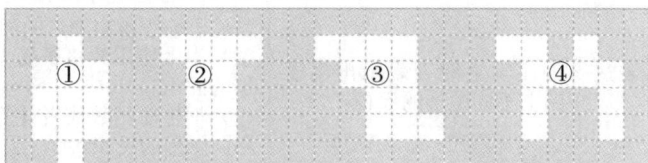

2. 说一说每种颜色图形的面积等于几个小方格那么大。

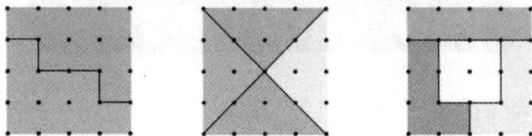

### 环节五　回顾反思

**师**：说一说，通过今天的学习，你有什么收获？

**生**：我知道了面的大小就是面积。我们可以通过重叠法来比较面积，也可以用单位面积来度量和比较大小。

### 环节六　课后测评

1. 在下面的方格中画出3个不同的图形，使它们的面积都等于7个方格的面积。

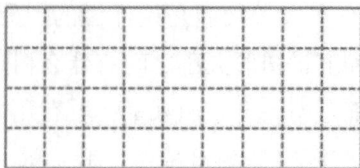

2. 数一数：下面图案的面积分别等于多少个方格？

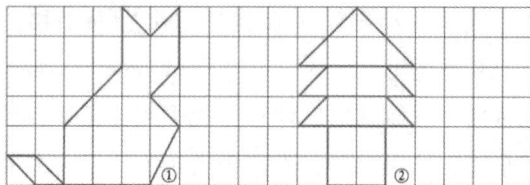

3. 关于本案例的评价量表如表4-4所示。

表4-4 "教—学—评"一致性评价量表

| 评价目标 | 评价任务 | 评价标准 |
|---|---|---|
| 从度量的角度，认识面积，理解面积的实际意义 | 在课堂上，关注学生能否探索出比较图形面积的方法，看他们是否能够通过重叠法直接比较图形的面积，或者通过测量法测量并表示出图形的面积 | （1）分别测量两个长方形的长和宽，计算出它们的周长，并进行比较。<br>（2）能够区分周长和面积，并通过实际操作用重叠法比较两个图形的面积。<br>（3）能够用重叠法比较图形的面积，当重叠法不适用时，能够想到用测量法测量图形的面积再进行比较 |
| 能借助格子图，表达出图形的面积 | 关注学生能否表示出格子图上不同图形的面积 | （1）不能表示出图形的面积。<br>（2）学生能用数格子的方法得出不同图形的面积。<br>（3）学生能用数或者计算的方法，得出不同图形的面积 |

### 【典型案例D】线与角

## 一、单元内容解读

线的认识在小学阶段只在本册学习一次。在此之前，学生已经直观接触过线段、射线和直线，并且在二年级下册中，学生已初步了解了一般角的特征，知道角的各部分名称，能够借助三角尺辨认锐角、直角、钝角等。本单元将系统地介绍"线与角"，为后续学习平面图形、立体图形、图形运动的特征，以及图形的测量奠定知识基础，并积累数学活动经验。具体内容框架如图4-6所示。

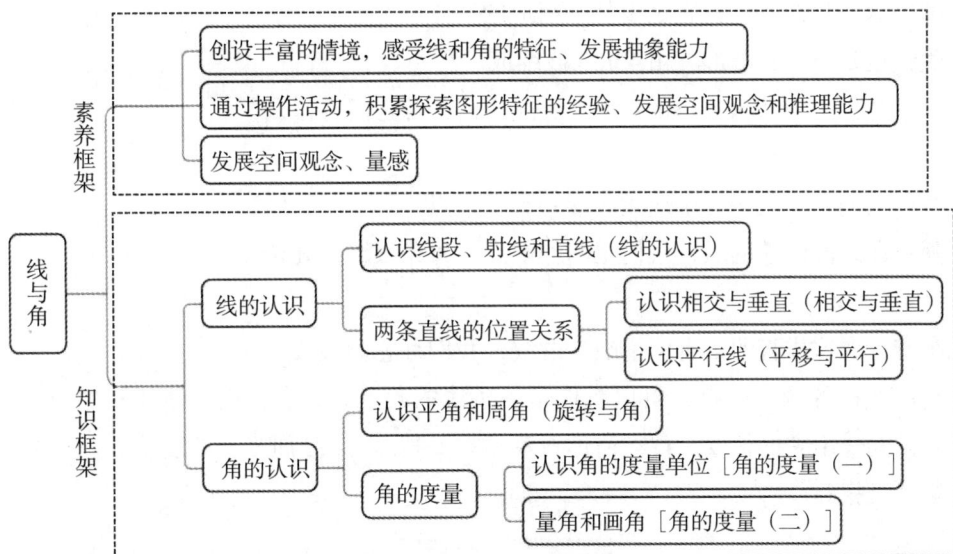

图4-6 线与角的内容框架

## 二、学情分析

　　学生已经在平面图形的初步认识中接触过线段、射线和直线，对这些几何图形有了直观的认识。尽管四年级的学生能够理解抽象的数学概念，并能够将其应用到实际问题中，但直观的操作活动仍然是他们认识图形特征的主要方式。

## 三、重点课例设计——线的认识

　　**【教学内容】**北师大版小学数学四年级上册第二单元第1课时"线的认识"。

　　**【教学目标】**

　　1.结合生活实例，认识线段、射线和直线。

　　2.能够用字母表示线段、射线和直线，了解它们的联系和区别，发展抽象思维能力。

　　3.通过具体的操作活动，进一步认识线段和直线的基本性质，理解两点间的距离，发展空间观念。

　　**【教学重点】**对线段、射线、直线意义的理解。

　　**【教学难点】**理解三种线的特征，掌握三种线的读法。

　　**【教学准备】**课件、草稿本等。

　　**【教学过程】**

　　**环节一　模型建构**

　　出示一个长方形。

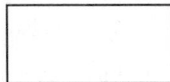

师：这是什么图形？它是由什么组成的？

生：这是一个长方形，由4条线段组成。

师：我们把组成长方形的4条线段拆开，看看它们有什么共同点？

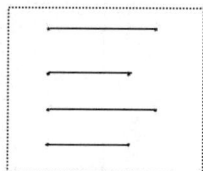

生：它们是直的，每条线段两端各有一个点。

师：在线段两端的点，我们也叫作端点。每条线段有几个端点？

生：2个。

小结：像这样直的、有两个端点的线，我们称它为线段。

师：线段的两个端点，可以看作是一条线的起点和终点。由于线段有始有终，所以可以测量出它的长度。现在请你在草稿本上画出一条3厘米长的线段。

学生汇报：

3 cm

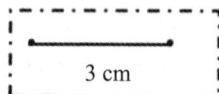

师：如何读出你画的这条线段呢？

师：为了能更方便地描述一条线段，我们通常将线段的两个端点用字母 $A$、$B$ 标出。如果将端点 $A$ 看作起点，端点 $B$ 就是终点，方向就是 $A \rightarrow B$。这条线是线段，所以合起来读作线段 $AB$。谁能来解释一下线段 $BA$？

示例：

$A$　　　　$B$

读作：线段 $AB$（或 $BA$）

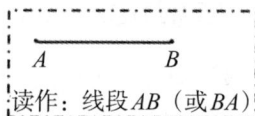

生：线段 $BA$ 就是起点为 $B$，终点为 $A$，方向是 $B \rightarrow A$ 的线段。

师：所以字母的顺序决定了起点和线段的方向。在这里，字母顺序互换并不影响，因此同一条线段有两种读法。

师：如果将你刚刚画的线段的两个端点分别用 $C$、$D$ 表示，你可以怎么描述你画的线段的长度呢？

生：线段 $CD$ 长3厘米或线段 $DC$ 长3厘米。

师：图形中有线段，生活中有哪些事物可以近似地看作线段？

生1：黑板的宽度可以看作线段。

生2：课桌面的边可以看作线段……

师：这些事物都有什么共同点？

**生**：都是笔直的，可以量出长度，并且能找到两个端点。

**师**：同学们真棒！你们的眼睛善于观察，脑袋善于思考。老师这里有一幅图，你能找出里面线段的特点吗？

出示主题图（光源），思考图中线的特征。

**生**：从一点射出了无数条笔直的线，这些线没有终点，可以无限延伸。

**师**：同学们刚刚说这些线都是"射"出来的，所以它们被称作"射线"。

**任务**：画射线。

**师**：请你在草稿本上画出射线。

**学生汇报**：

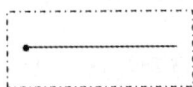　　　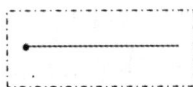

①　　　　　　　　　②　　　　　　　　　③

**生**：这个端点表示线的起点，射线的另一端无限延伸，没有终点，所以另一端没有点。

**师**：说得真好，看来你们已经抓住了射线的特征。那么，射线可以量出长度吗？

**生**：不可以，因为射线可以无限延伸，所以无法测量出到底有多长。

**师**：那么现在，谁来完整地说一说射线的特征？

**生**：射线是直的，有一个端点，可以向一个方向无限延伸，因此它是无限长的。

**师**：和线段一样，我们也会给射线取名字来方便表示。你能根据刚刚线段的表示方法读出2号同学画的射线吗？

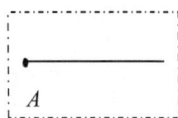

②

**生**：射线 $A$ 向右。

**师**：有起点，有方向，读对了吗？

**生**：有点别扭，为什么不像线段 $AB$ 那样直接表示出方向呢？

**师**：好问题。为了简洁地表示射线的方向，我们通常会在射线延伸出的线上也标出一个点，用来指出射线的方向。

**示例**：

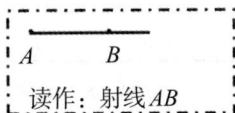

读作：射线 $AB$

**师**：为什么这里只有一种读法呢？

**生**：如果是射线 $BA$ 的话，起点就是 $B$，方向是 $B{\rightarrow}A$。

**师**：同学们分析得非常好，所以在读线的时候，要关注它的起点、方向和线的类别。

师：我们已经了解了线段和射线，现在请你们来猜想一下，直线又有什么特征呢？请将你的猜想完整地画在纸上。

学生汇报：

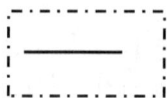

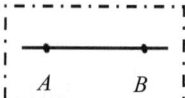

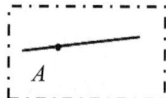

　　①　　　　　　　　　②　　　　　　　　　③

生：直线是一条笔直的线，没有端点。

师：为什么直线没有端点？

生：如果有端点，它就变成射线或线段了。

师：同学们都很会思考，直线没有端点，因此它也没有起点和终点，这意味着直线可以向两边无限延伸，自然也就意味着直线是无限长的。

师：前面我们已经知道表示线需要起点、方向和线的类别这些要素，那么刚才三位同学中，哪一位是正确的呢？

生：是第2号的。同学说得对，直线没有端点，所以找不到起点，我们可以在线上任意取两个点来表示方向。第3号的只有一个点，无法表示方向。

师：分析得有理有据，我们来看看直线的正确表示方法。

示例：

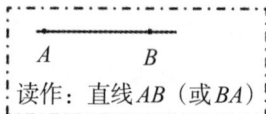

读作：直线AB（或BA）

生：我发现直线和线段一样，也有两种读法。

师：有谁能用自己的话说一说为什么？

生：因为直线没有端点，所以我们只看它的方向。它可以向两边无限延伸，所以它延伸的方向从A→B或者从B→A都是一样的。

师：今天我们了解了三种线的相关特征，大家回忆一下，然后填入表格。（以此为准）

| 名称 | 线段 | 射线 | 直线 |
|---|---|---|---|
| 形状 | ●———● | ●——— | ——— |
| 长度 | 有限长（可测量） | 无限长（不可测量） | 无限长（不可测量） |
| 端点 | 2个（不可延长） | 1个（可以向一个方向无限延长） | 0个（可以向两个方向无限延伸） |

**环节二 模型运用**

1. 请说一说，从老虎山到狐狸洞有几条路？找出最短的路线，并说说你的发现。

生：一共有4条路，从 $A$ 直接走到 $B$ 是最短的。（画出线段 $AB$）

小结：在两点之间的所有连线中，线段是最短的。

**师**：你能测量出 $A$、$B$ 间的距离吗？你测量的是什么？

小结：所以两点间的距离指的就是两点之间线段的长度。

2. 请说一说图中的直线、射线和线段。（独立思考后，小组交流）

生1：直线没有起点，只看方向。这里只有左右两个方向，所以只有一条直线。

生2：射线有一个起点，所以我按照起点不同来找。这里有3个点，每个点都有向左和向右两个方向，所以一共是6条射线。

生3：我先数小线段：线段 $AB$、线段 $BC$；然后数组合线段：线段 $AC$，所以一共有3条线段。

生4：我先数起点相同，终点不同的线段：有线段 $AB$、线段 $AC$ 和线段 $BC$。

**师**：回顾在这道题中找三种线的思考过程，你有什么发现？

生：我发现线段是最小的，直线是最大的。

**师**：我们可以用一个维恩图来表示它们的关系。

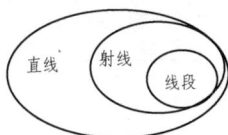

**环节三 回顾反思**

**师**：通过这节课的学习，同学们有什么收获？

**环节四 课后测评**

1. 填一填。

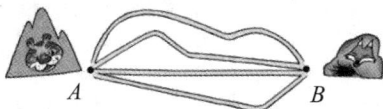

读作： 读作： 读作： 读作：

2. 找出下图中的直线、射线和线段。

3. 画一画、量一量：蚂蚁到洞口的距离是多少？

4.（1）过下面一点可以画出多少条直线？

（2）过下面两点可以画出多少条直线？

5. 关于本案例的评价量表如表4-5所示。

表4-5　"教—学—评"一致性评价量表

| 评价目标 | 评价任务 | 评价标准 |
|---|---|---|
| 通过分析线的特征来区分线段、射线和直线，以发展抽象思维能力 | 关注学生是否能够通过点的位置和数量判断线的类别；是否能够根据字母的顺序判断方向，或根据线的方向写出线的正确名称 | （1）正确找到点的位置，判断线的类别。<br>（2）正确读出线的名称。<br>（3）能从复杂图形中抽出三种线 |
| 结合具体的操作活动，进一步认识线段和直线的基本性质，培养空间观念和推理能力 | 关注学生是否能够准确测量两点之间的距离；是否能够通过绘图活动准确得出"过两点确定一条直线"的结论 | （1）学生能够判断两点间的距离即为两点间的线段长度。<br>（2）学生能够通过操作活动，巩固直线的性质。<br>（3）学生能够推理射线的性质，得出角的大小与角的边的长度无关，与射线的夹角大小有关 |

# 第五章

# 图形的位置与运动主题

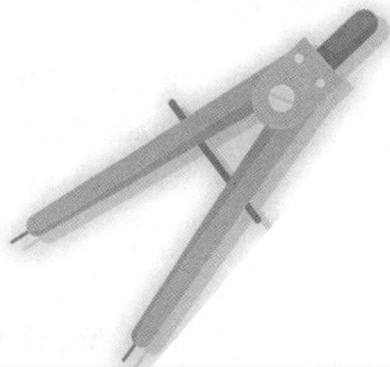

"图形与几何"是义务教育阶段学生数学学习的重要领域。在小学阶段，这一领域包括"图形的认识与测量"和"图形的位置与运动"两个主题。数学新课标将《义务教育数学课程标准（2011年版）》中第一学段有关"方向"的内容从"图形与几何"领域调整到"综合与实践"领域，并将原来的"图形与位置"和"图形的运动"两个主题整合为"图形的位置与运动"。

## 第一节　图形的位置与运动主题内容分析

图形的位置与运动紧密相关，都是在实际问题的基础上促进学生理解和掌握，让学生可以更直接地体会数学与生活的联系。第二学段侧重于对图形运动现象的观察与直观感受；第三学段在此基础上进一步认识图形运动的本质特征，并判断和解释现实生活中的现象。第二、三学段中，"图形的位置"都要求学生对物体的相对位置和绝对位置进行描述，以及定量刻画物体的位置。在初中阶段，学生将继续学习"图形的变化"和"图形与坐标"。纵观小学到初中的图形位置与运动主题，体现了学科的整体性和课程内容的结构化特征，更有利于培养学生的几何直观、空间观念和数学应用意识。

### 一、图形的位置与运动主题内容概述

#### （一）图形的位置

"图形的位置"包括：确定点的位置、简单描述路线图、认识比例尺。

图形的位置分为两种情况：一是借助方格纸，用有序数对表示点的位置；二是根据指定参照点的具体方向、距离和角度确定物体所处的位置。利用图形位置和运动的知识，描述简单的路线图。

$$图形的位置\begin{cases}有序数对 \\ 方向＋距离＋角度\end{cases}$$

### （二）图形的运动

"图形的运动"包括：平移、旋转、轴对称、利用运动特征设计简单的图形，以及图形的放大与缩小。核心概念包括：平移、旋转、轴对称、对称轴和图形的相似性等。

在小学阶段，"图形的运动"有两种基本形式：一种是运动前后图形的形状和大小不变，仅位置发生变化；另一种是运动过程中图形的形状不变（对应的角不变，对应的边成比例），但图形的大小发生变化。

$$图形的运动\begin{cases}平移、旋转、轴对称\quad（形状、大小不变，位置发生变化）\\ 图形的放大和缩小\quad（形状不变，大小变化）\end{cases}$$

## 二、图形的位置与运动主题素养表现及概述

与"图形的位置与运动"领域密切相关的核心素养表现主要有空间观念、几何直观、推理意识。

### （一）空间观念

"空间观念"主要是指对空间物体或图形的形状、大小及位置关系的认识。能够根据物体特征抽象出几何图形，通过几何图形想象出实际物体的形态，理解物体之间的方位和位置关系，描述图形的运动和变化规律。这有助于我们理解物体的形态和结构，是培养空间想象力的经验基础。

### （二）几何直观

"几何直观"主要是指运用图表描述和分析问题的意识与习惯，树立直观概念有助于把握问题的本质，是明晰思维的路径。

### （三）推理意识

"推理意识"主要是指对逻辑推理过程及其意义的初步感悟，培养该意识有利

于养成讲道理、有条理的思维习惯，是形成推理能力的经验基础。

现实生活中存在大量的图形运动现象，学生有丰富的生活经验，这些现象为学生学习图形的运动提供了丰富的素材，使他们能够用数学的眼光认识和把握现象背后的运动本质，有助于发展几何直观和空间观念。

数学新课标将图形的平移、旋转、轴对称分布在第二、三学段。第二学段主要是在实际情境中辨认平移、旋转、轴对称现象，让学生经历对现实生活中图形运动的抽象过程，直观感知其特征。第三学段要求在方格纸上进行简单的平移、旋转，补全简单的轴对称图形，了解图形变化特征。两个学段的内容目标都是形成空间观念和初步的几何直观。例如，在"平移和旋转"一课中，首先让学生通过生活中推窗、汽车行驶、风车转动等实际现象进行分类认识，从而透过现象认识平移和旋转的核心：平移即方向和位置，旋转即旋转中心和旋转角。进一步体会运动前后图形的变化与不变，把这部分知识学深、学透对形成几何直观有着非常重要的作用。第二学段侧重于三种现象的认识，第三学段侧重于借助方格纸想象和描绘表示点的位置，能够按比例将简单的图形放大或缩小，重点培养学生的空间观念和推理意识。又如，在教室里用数对表示具体位置，在方格纸上描绘出来，让学生感知数与形的结合，形成几何直观，为将来学习平面直角坐标系积累经验。

## 三、图形的位置与运动主题教学建议

### （一）教学目标要体现核心素养

"图形的位置与运动"在小学阶段为学生提供了一个从直观到抽象、从定性到定量的学习通道。教师应建立教学内容与核心素养的关联，制定有助于发展空间观念、几何直观和推理意识的教学目标，使学生充分体会图形的运动和变化规律，并建立数与形的联系。

### （二）观察、想象与操作相结合

在教学中，要充分利用学生的生活经验，尽量选择学生熟悉的情境，通过观察和比较来认识图形的运动。可以适当地通过画一画、折一折、摆一摆、转一转等操作活动，加深对图形运动本质的理解，努力实现从表象认识到本质理解，再到推理运用的思维过程，从而发展空间观念和解决问题的能力。

在"图形的运动"教学时，可以借助方格纸引导学生找出对应点和对应边，画出平移和旋转后的图形。结合轴对称图形的特征，鼓励学生动手操作、动脑想

象，补全轴对称图形。同时，可以利用剪纸进一步了解基本图形及其变化规律，鼓励学生从图形变换的角度去欣赏图形，并在学会欣赏的基础上进行图案的创作设计。

总之，只有关注学生的直观感知和实践体验，让学生用运动变换的观点来认识图形与几何的性质，才能帮助学生构建结构化的数学知识体系，培养学生的空间观念和几何直观的核心素养，为将来继续学习图形的位置与运动打下坚实的基础。

# 第二节　图形的位置与运动主题"教—学—评"整体设计

"图形的位置与运动"在培养学生的空间观念和推理意识方面具有重要作用。教师将通过丰富的实例和实践活动，引导学生深入理解图形的位置关系和运动规律，从而培养他们的空间观念和几何直观。在进行"教—学—评"的整体设计时，应强调学生的主体性和实践性，鼓励学生在探索中学习、在实践中提升。评价方式应倡导多元化，以全面、客观地反映学生的学习成果与过程，从而实现"教—学—评"的一致性。

## 一、图形的位置与运动主题学生活动经验概述

### （一）学生学习特点概述

在"图形的位置与运动"主题的学习中，强调培养学生的空间观念和几何直观能力。基于这些要求，学生在学习过程中展现出独特的学习特点。

1.学生倾向于通过直观感知来探索图形的位置关系和运动规律。这种直观感知的学习方式有助于他们形成清晰的空间观念。

2.学生积极参与各种实践活动，如使用学具进行图形的平移、旋转等操作，通过实际操作来建立空间观念。

3.学生具备较强的空间想象能力。这种能力有助于他们理解抽象的几何概念，并提高空间认知水平。

4.学生表现出对实际应用的浓厚兴趣。这种注重实际应用的学习方式不仅提升了他们的推理意识，还增强了学习成就感。

## （二）学生活动经验分类

1. 观察与记录：学习图形的位置与运动的基础。学生通过观察图形及其与位置的关系，记录图形的形状、大小、方向等特征，以及图形之间的相对位置关系。通过这样的观察与记录，学生能够逐渐发现图形的位置与运动规律。

2. 实践操作：深化理解图形的位置与运动的重要方式。学生可以利用教具、软件或手工材料，进行图形的平移、旋转等操作。通过直观地感受图形的运动过程，学生能够更好地理解图形的运动规律。

3. 合作探究：分小组进行学习，共同讨论图形的位置和运动问题。这种合作探究的方式不仅培养了团队意识，还使学生在交流中激发更多的思维火花，促进对图形位置与运动的更深入理解。

4. 问题解决：将所学知识应用于实际过程。运用所学知识设计图案、规划空间布局等，解决实际问题。这种将知识应用于实际的学习方式也让学生感受到学习的乐趣和价值。

观察与记录、实践操作、合作探究和问题解决等活动经验，共同构成了学生在图形的位置与运动主题学习中的宝贵财富。这些经验有助于他们深入理解图形的位置与运动规律。

# 二、图形的位置与运动主题教学经验分享

## （一）教学特点概述

在图形的位置与运动这一主题的教学中，注重培养学生的空间观念和几何直观。教学特点主要体现在以下几个方面。

1. 直观化：强调培养学生的空间观念和几何直观。充分利用直观材料，如图形、模型和动态课件，使学生能够直观地感受图形的位置关系和运动规律。这种直观化的教学方式有助于学生形成清晰的空间观念。

2. 实践性：学业要求指出，学生应具备一定的实践操作能力。通过设计丰富的实践活动，如平移、旋转等操作，学生在实践中感知图形的运动规律，加深对空间概念的理解。这种实践性的教学方式不仅提高了学生的动手能力，还激发了他们的学习兴趣和探究欲望。

3. 合作式：注重培养学生的团队合作意识，让学生在交流中产生思维碰撞，共同解决问题。这种合作式的学习方式培养了学生的合作精神和团队意识，并加深了

他们对图形的位置与运动的理解。

4.分层性：学生的学习需求和认知水平存在差异。根据学生的实际情况，设计不同层次的教学任务。这种因材施教的方法力求使每个学生都能得到发展。

## （二）教学经验分类

1.教学准备：教师需精心准备课件和教具等，以便学生能够通过观察和实践操作来理解所学知识。根据学生的实际情况，制定明确的教学目标和教学计划，确保教学内容与学业要求相匹配。

2.教学方法：多样化的教学方法可以激发学生的学习兴趣，保持他们的学习热情。例如，讲授法：系统地讲解图形的位置与运动的基本概念和规律；演示法：展示图形的平移、旋转等运动过程；讨论法：组织学生进行小组讨论，鼓励他们分享观点。

3.课堂管理：密切关注学生的表现，确保他们能够集中注意力，积极参与教学活动。采用多种方式激发学生的学习兴趣，如设置趣味性的问题、组织小组竞赛等。及时给予学生指导和帮助，确保他们能够跟上教学进度。维持课堂纪律，确保教学秩序井然有序，为学生创造一个良好的学习环境。

4.课后反思：及时反思教学过程和教学效果，总结成功之处和不足之处。通过反思，吸取经验教训，为今后的教学提供借鉴和改进方向。

## （三）教学活动实施

在"图形的位置与运动"这一主题的教学过程中，提问与交流是不可或缺的环节。它们不仅是教师与学生之间沟通的桥梁，更是激发学生思考、深化理解的催化剂。

课前可以提出一些引导性的问题，如"你能描述一下图形的平移是如何进行的吗？"或"你认为旋转图形时需要注意哪些要点？"这些问题的提出旨在激发学生的好奇心，引导他们提前预习和思考，为新课的学习打下良好的基础。

在课堂上，根据教学内容和学生的反馈，适时提出开放性问题，鼓励学生自由表达观点，积极参与讨论。例如，在探究图形旋转性质时，可以问："你们发现旋转后的图形与原图形有什么相同和不同之处吗？"这样的问题能够引发学生的深入思考。要注重培养学生的提问能力，鼓励他们提出问题，并对每一个问题给予耐心解答，与他们一起探讨。同时，引导学生学会如何提出有深度、有价值的问题，这有助于培养他们的探究精神和批判性思维。

# 三、图形的位置与运动主题评价方式概述

## （一）评价方法

在图形的位置与运动主题的教学中，评价方式的选择至关重要。针对这一主题，采用了多元化的评价方式，以全面、客观地评估学生的学习状况。

1.过程性评价：通过观察学生在课堂上的表现，如参与度、思考深度、实践操作效果等，来评价他们对图形的位置与运动知识的理解和掌握程度。这种方式能够实时反映学生的学习状态，并为教师提供及时的教学反馈。

2.成果性评价：通过学生的作业、测验和考试等成果，评价他们对图形的位置与运动知识的掌握程度和应用能力。这种方式能够量化学生的学习成果，为教师提供明确的教学依据。

3.自评和互评交互：鼓励学生反思自己的学习过程和成果，发现自己的优点和不足，同时通过互评互相学习、互相借鉴。这种方式能够培养学生的自我认知和团队协作能力。

## （二）评价题目举例

下面是针对图形的位置与运动主题设计的一些评价题目示例。

1.描述现象题。

（1）请描述一个你在日常生活中观察到的平移现象，并说明它具有平移的哪些特点。

（2）你能举出一个旋转现象的例子吗？请详细描述其旋转过程。

2.设计创作题。

（1）请用平移或旋转的方法设计一个美丽的图案，并说明你的设计思路。

（2）假设你是一名建筑师，请利用平移和旋转的原理设计一个独特的建筑模型，并描述其特点。

3.问题解决题。

（1）一个正方形在方格纸上进行了两次平移，第一次向右平移3格，第二次向上平移2格，请画出平移后的图形。

（2）一个三角形绕其中一个顶点旋转90°，请画出旋转后的图形。

4.综合应用题。

设计一个包含平移和旋转元素的益智游戏，并说明游戏规则和玩法。

# 四、图形的位置与运动主题单元作业设计概述

## (一) 设计原则

1. 以学生为中心：作业设计应充分考虑学生的学习特点和兴趣，确保学生能够在作业中主动探索、积极实践，从而加深对图形的位置与运动规律的理解。

2. 实践性与操作性：作业设计应强调学生的实际操作，通过实际操作来巩固理论知识，培养学生的空间观念和几何直观。

3. 层次性与梯度性：作业设计应体现层次性和梯度性，从基础到提高，逐步增加难度，满足不同学生的学习需求，确保每个学生都能在作业中有所收获。

4. 联系生活实际：作业设计应紧密联系生活实际，引导学生将所学知识应用于实际问题的解决中，增强学生的学习兴趣和实际应用能力。

## (二) 设计模式

1. 观察记录式：要求学生观察实际生活中的图形的位置与运动现象，记录并描述图形的形状、大小、方向等特征，以及图形之间的相对位置关系。

2. 实践操作式：提供教具或软件，要求学生进行图形的平移、旋转等操作，记录操作过程并总结图形的运动规律。

3. 合作探究式：将学生分成小组，共同讨论图形的位置和运动中的问题，分享观察发现，并讨论不同观点。

4. 问题解决式：设计实际问题，如设计图案、规划空间布局等，要求学生运用所学知识解决实际问题，提高问题解决能力。

"图形的位置与运动"作业设计以学生为中心，注重实践、层次和与生活的联系。通过多元模式激发兴趣，提升空间观念和几何直观。设计明确目标，控制任务量，强调质量，并及时反馈。这些措施为学生奠定了坚实基础，促进学习与发展。

"图形的位置与运动"主题的教学、学习和评价方式均体现了对学生空间观念、几何直观和推理意识的培养。在多样化的教学活动和评价方式中，为进一步学习图形的位置与运动奠定了基础。

# 第三节　图形的位置与运动主题典型案例：图形的位置

图形的位置知识整体解读如表5-1所示。

表5-1　图形的位置知识整体解读

| 年级 | 学业要求 | 内容要求 | 核心素养表现 |
|---|---|---|---|
| 四上 | 能在方格纸上用序数对确定点的位置，理解数对与对应点的关系 | 能用数对表示点的位置，理解数对与方格纸上点的对应关系 | 空间观念 |
| 五下 | （1）根据给定参照点的方向和距离确定物体的位置。（2）能在实际情境中描述简单的路线图 | （1）能根据给定参照点的方向和距离确定物体的位置。（2）会在实际的情境中，描述简单的路线图 | 几何直观 |
| 六下 | 了解比例尺，能利用方格纸按比例将简单图形放大或缩小 | （1）在实际情境中，会根据给定比例将图上距离与实际距离进行换算。（2）能在方格纸上按照给定比例画出简单图形的放大或缩小效果 | 空间观念、推理意识 |

## 一、单元内容解读

图形的位置的内容框架如图5-1所示。

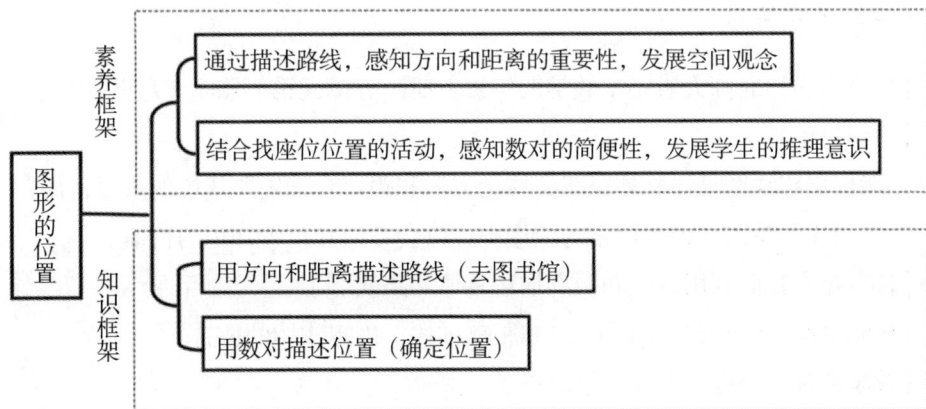

图5-1　图形的位置的内容框架

## 二、学情分析

学生在一年级上册中已经认识了简单的位置关系，能够用上下、前后、左右来描述物体的相对位置，初步发展了空间观念。在二年级下册中，学生学习了八个方向，能够用这些方向来描述物体所在的方位，进一步发展了他们的空间观念。本单元的知识与生活紧密联系，能够激发学生的学习欲望，使学生在熟悉的情境中充分表达自己的想法，进一步发展他们的空间观念和推理能力。

## 三、重点课例设计Ⅰ——去图书馆

### （一）课时前测自评（表5-2）

表5-2　课时前测自评表

| 课时名称 | 前测内容 | 学生表现 | 统计情况/人 | 前测人数/人 |
|---|---|---|---|---|
| 去图书馆 | （1）知道"东、西、南、北、东北、东南、西北、西南"八个方向 | 水平1：知道有八个方向 | 50 | 50 |
| | （2）理解"东、西、南、北、东北、东南、西北、西南"描述的物体相对位置 | 水平2：理解八个方向表示的具体位置 | 50 | |
| | （3）能用"东、西、南、北、东北、东南、西北、西南"描述物体的相对位置 | 水平3：能准确运用八个方向描述物体的位置 | 35 | |

### （二）教学实录

【教学内容】北师大版小学数学四年级上册第五单元第1课时"去图书馆"。

【教学目标】

1. 能根据路线图描述具体路线，体会方向和距离在确定路线中的重要作用。

2. 在描述简单路线图的探索与应用中，体会方向和位置知识的价值。

【教学重点】能利用方向和距离描述具体的路线。

【教学难点】能根据给出的方向和距离描述，确定物体的位置。

【教学准备】课件、直尺、学习单。

**【教学过程】**

**环节一　情境引入**

**师：**请大家看这幅图，说一说以学校为中心，其他各个地方分别在学校的哪个方向。

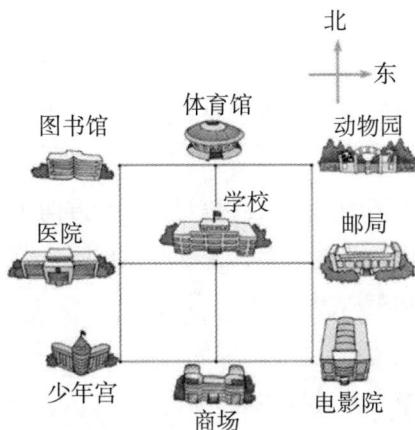

北
东

图书馆　体育馆　动物园

医院　学校　邮局

少年宫　商场　电影院

生1：体育馆在学校的北面。

生2：商场在学校的南面。

生3：医院在学校的西面。

生4：邮局在学校的东面。

生5：动物园在学校的东北方向。

生6：电影院在学校的东南方向。

生7：图书馆在学校的西北方向。

生8：少年宫在学校的西南方向。

**环节二　模型建构**

笑笑是个爱看书的小朋友，她喜欢畅游在书的海洋里！每个周末，笑笑都要去图书馆看书。下面是笑笑从家去图书馆的路线图，让我们一起去看看吧！（出示情境图，板书课题"去图书馆"）

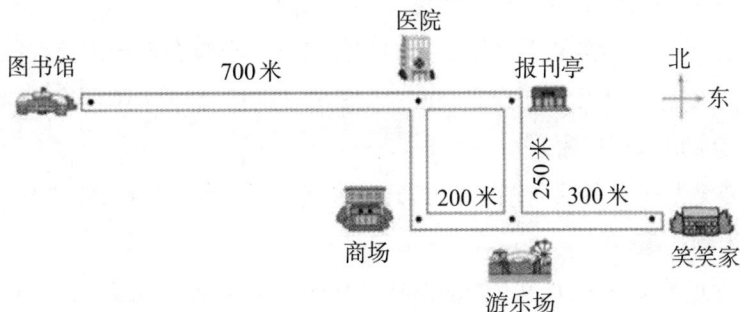

医院　报刊亭　北　东

图书馆　700米

200米　250米　300米

商场　游乐场　笑笑家

1. 理解描述路线图需要说清楚哪些要素。

**师**：怎样才能清楚地描述从笑笑家到图书馆的路线呢？请小组讨论并填写学习单。

**生1**：需要说清楚朝哪个方向走。

**生2**：需要说清楚在哪里拐弯。

**生3**：需要说清楚每一段路需要走多少米。

**师**：如果只说方向可以吗？

**生**：不可以。只说方向的话，不清楚要朝这个方向走多远。

**师**：那么只说走的距离可以吗？

**生**：也不可以。只说距离的话，不清楚要朝哪个方向走。

**师**：那么，要清楚地描述路线需要具备哪些条件呢？

**生**：需要说清楚方向和距离。

2. 找出路线图中的途经地点。

**师**：笑笑从家去图书馆会经过哪些地方？

**生1**：经过游乐场、商场、医院。

**生2**：经过游乐场、报刊亭、医院。

**师**：可以走的路线有几条？

**生**：有两条。

**师**：你能把这两条路线简单地画出来吗？小组合作，画出这两条路线图。

学生小组合作画出路线图，展示结果。

3. 说一说笑笑从家到图书馆怎么走，并画出路线图。

**师**：你能描述一下笑笑从家去图书馆的路线吗？请小组讨论并填写学习单。

**生1**：笑笑先从家向西走300米到达游乐场，然后向北走250米到达报刊亭，再向西走900米到达图书馆。

**生2**：笑笑先从家向西走500米到达商场，再向北走250米到达医院，最后向西走700米到达图书馆。

4. 说一说笑笑从图书馆到家怎么走，并画出路线图。

**师**：请描述一下笑笑从图书馆到家的具体路线，小组合作画出路线图。

**生1**：笑笑先从图书馆向东走900米到达报刊亭，然后向南走250米到达游乐场，再向东走300米到达家。

**生2**：笑笑先从图书馆向东走700米到达医院，然后向南走250米到达商场，再向东走500米到达家。

**师**：你发现笑笑从家去图书馆的路线和从图书馆回家的路线有什么特点？

生：都是一样的路线。

师：为什么我们描述的时候说得不一样？

生：因为回家的路线和去图书馆的路线是相反的。

师：那么往返路线有什么不同？

生：往返路线的方向不同。

师：往返路线有什么相同？

生：往返路线的距离相同。

**环节三 运用模型**

1. 说一说小红上学和回家的路线，填一填。

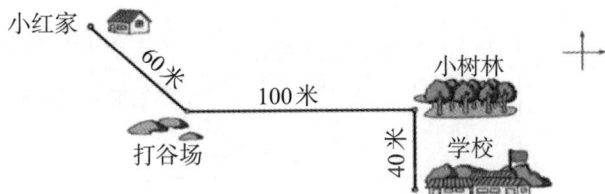

小红从家向_____走_____米到打谷场，然后向_____走_____米到小树林，再向_____走_____米到学校。

小红从学校向_____走_____米到_____，然后向_____走_____米到_____，再向_____走_____米回到家。

2. 说一说4路公交车从起始站到终点站的往返路线。

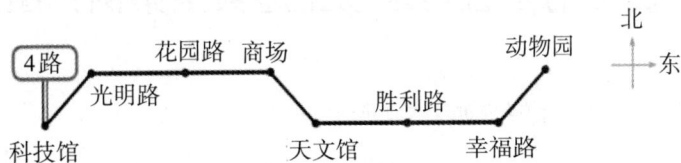

3. 按要求画一画。

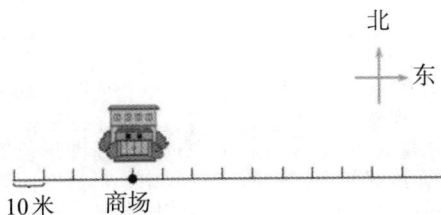

（1）商场东面60米的地方有一个书店，请你用△标出它的位置。

（2）书店北面50米的地方有一个健身广场，请你用☆标出它的位置。

**环节四 课堂小结，回顾反思**

师：通过这堂课你有什么收获？

学生畅所欲言。

**环节五 课后测评**

1. 描述自己家到学校的路线。

2. 关于本案例的评价量表如表5-3所示。

表5-3 "教—学—评"一致性评价量表

| 评价目标 | 评价任务 | 评价标准 |
|---|---|---|
| 能用方向和距离描述简单的路线图 | 课堂上关注学生能否结合方向和距离正确描述路线图 | （1）学生仅能用方向或距离（二者之一）描述路线图。<br>（2）学生能够用方向和距离正确描述路线图 |
| 能够利用方向和距离描述现实生活中的路线图，体会数学与生活的联系 | 关注学生能否借助方向和距离描述从家到学校的路线 | （1）学生不能灵活运用方向和距离来完整描述现实生活中的路线图。<br>（2）学生能灵活运用方向和距离描述从家到学校的路线图 |

# 第四节 图形的位置与运动主题典型案例：图形的运动

图形的运动知识整体解读如表5-4所示。

表5-4 图形的运动知识整体解读

| 年级 | 学业要求 | 内容要求 | 核心素养表现 |
|---|---|---|---|
| 四上 | （1）能在实际情境中辨认出生活中的平移、旋转和轴对称现象，直观感知这些特征。<br>（2）能利用平移或旋转解释现实生活中的现象，形成空间观念 | （1）结合实例，感受平移、旋转、轴对称的现象。<br>（2）在感受图形位置与应用的过程中，形成空间观念和初步的几何直观 | 空间观念、几何直观 |

续表

| 年级 | 学业要求 | 内容要求 | 核心素养表现 |
|---|---|---|---|
| 五上 | （1）能够在方格纸上描述图形的位置，辨识和想象简单图形平移、旋转后的样子。能够画出简单图形沿水平或垂直方向平移后的样子，以及旋转90°后的样子。<br>（2）能够借助方格纸，了解图形平移、旋转的变化特征。知道对称图形的对称轴，能够在方格纸上补全轴对称图形，形成推理能力 | （1）能在方格纸上进行简单图形的平移和旋转。<br>（2）认识轴对称图形和对称轴，并在方格纸上补全简单的轴对称图形 | 空间观念、几何直观 |
| 六下 | 对给定的简单图形，能用平移、旋转和轴对称的方法，以方格纸上设计图案，并能说出设计图案与简单图形的关系 | （1）能从平移、旋转和轴对称的角度欣赏生活中的图案。<br>（2）借助方格纸设计简单的图案 | 推理意识 |

## 一、单元内容解读

图形的运动的内容框架如图5-2所示。

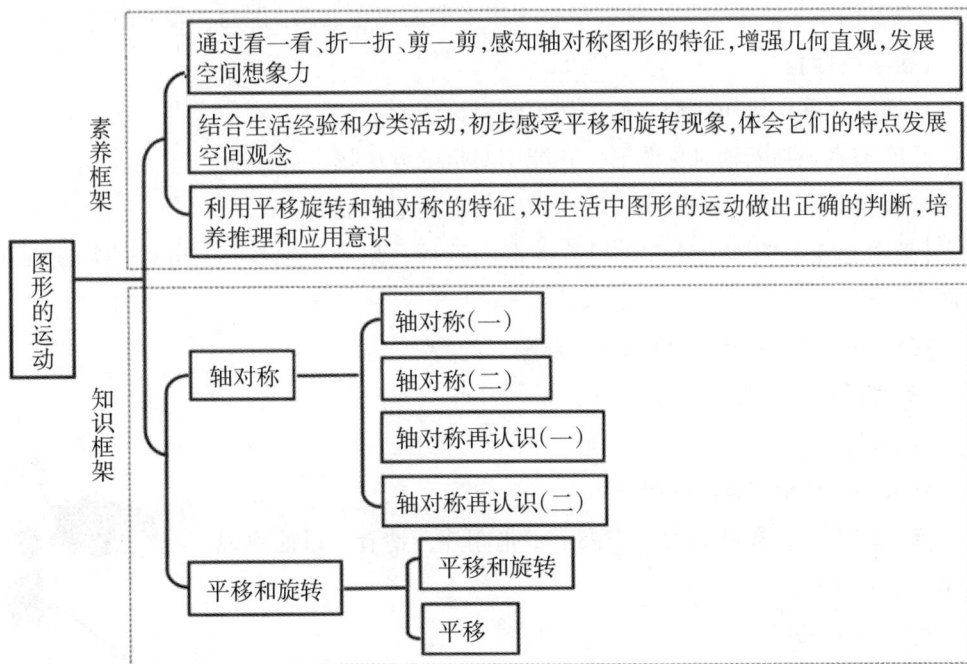

图 5-2　图形的运动的内容框架

## 二、学情分析

在二年级上册时，学生通过折一折、做一做，已初步感知生活中的对称和平移现象，认识了轴对称图形。通过剪纸、画画等游戏，学生具备了一定的探索能力。

## 三、重点课例设计Ⅰ——轴对称（一）

### （一）课时前测自评（表5-5）

表5-5　课时前测自评表

| 课时名称 | 前测内容 | 学生表现 | 统计情况/人 | 前测人数/人 |
|---|---|---|---|---|
| 轴对称（一） | （1）描述正方形、长方形、三角形、圆形等图形的特点 | 水平1：能描述几种图形的特点 | 47 | 47 |
| | （2）举出生活中的对称现象 | 水平2：能够举出一些生活中实际的对称现象 | 35 | |

### （二）教学实录

【教学内容】北师大版小学数学三年级下册第二单元第1课时"轴对称（一）"。

【教学目标】

1. 通过观察和操作活动，初步认识轴对称图形。

2. 能够直观判断轴对称图形，并能用对折的方法找出对称轴。

3. 体会数学与生活的联系，培养学生的空间想象能力。

【教学重点】使学生感知轴对称图形的特征，培养学生观察、分析和判断轴对称图形的能力。

【教学难点】帮助学生理解轴对称图形的特征。

【教学准备】课件、图片。

【教学过程】

环节一　情境创设，问题导入

师：同学们，老师给大家带来了一张图片，请看。谁能说说这是什么？

生1：一只风筝。

生2：一只燕子风筝。

**环节二 探究新知，构建模型**

1. 看一看。

课件出示教材例题图片。

**师：**观察上面的图形，它们有什么共同的特点？

**生1：**有些图形左右对称。

**生2：**还有些图形上下对称。

2. 折一折。

**师：**你能通过折一折、比一比去验证一下你们的观点吗？图形对折后你发现了什么？

学生利用北师大版小学数学三年级下册附页1中的图形折一折，看一看，比较两侧的图形特点。

**生1：**左右两边对称。

**生2：**这个折痕把图形平均分成了两半。

**生3：**折痕两边完全一样。

3. 教师课件出示示例图。

**师：**刚才大家描绘出来的这条折痕所在的直线就叫作这个图形的对称轴。像这样对折后能完全重合的图形就叫作轴对称图形。接下来，请你们把这些图形的对称轴描绘出来。

学生利用作图工具把折痕描绘出来。

**环节三 运用模型，巩固新知**

1. 判断哪些图形是轴对称图形？画"√"

2. 描出下面图形的对称轴。

3. 找一找教室中的轴对称图形。

**环节四　课堂小结，回顾反思**

**师：** 通过今天的学习你有什么收获？

学生畅谈收获。

**环节五　课后测评**

1. 找一找生活中的轴对称图形。

2. 关于本案例的评价量表如表5-6所示。

表5-6　"教—学—评"一致性评价量表

| 评价目标 | 评价任务 | 评价标准 |
|---|---|---|
| 认识轴对称图形的特征，直观判断轴对称图形 | 关注学生能否直接观察和判断出图形是否为轴对称图形；以及是否能够通过对折的方法判断图形是否为轴对称图形 | （1）不能直观判断出轴对称图形。<br>（2）能直观判断出轴对称图形。<br>（3）能够在直观判断较困难时，利用对折的方法判断 |
| 能够理解轴对称图形的特征，找出对称轴 | 关注学生能否找出图形的对称轴 | （1）不能表示出轴对称图形的对称轴。<br>（2）能够表示出轴对称图形的对称轴，并说出自己的理由 |

## 四、重点课例设计Ⅱ——平移和旋转

### （一）课时前测自评（表5-7）

表5-7　课时前测自评表

| 课时名称 | 前测内容 | 学生表现 | 统计情况/人 | 前测人数/人 |
|---|---|---|---|---|
| 平移和旋转 | 知道"横向移动、纵向移动、转动" | 水平1：知道横向是左右移动，纵向是上下移动 | 50 | 50 |
| | 能用"向……走几格"描述物体的简单运动 | 水平2：能准确用方向和格数描述物体的运动 | 40 | |

## （二）教学实录

【教学内容】北师大版小学数学三年级下册第二单元第3课时"平移和旋转"。

【教学目标】

1.结合生活经验，初步感知平移和旋转现象，直观体会其特点。

2.通过实例，识别身边的平移和旋转现象，并能准确判断这两种现象，体会生活与知识的联系。

【教学重点】准确判断物体的平移或旋转现象。

【教学难点】识别生活中的平移和旋转现象。

【教学准备】课件、学习单等。

【教学过程】

**环节一 情境创设，问题导入**

师：生活中我们见到过很多物体的运动，那么它们是如何运动的呢？这节课我们就来探索物体的运动。（课件展示情境图一）教师板书课题"平移和旋转"。

**环节二 探究新知，构建模型**

1.说一说，比一比，分一分。

师：它们都是怎么运动的？请说一说，并用手比画一下。

学生观察情境图，说出自己的想法，并动手比画。

生1：国旗是向上运动的。

生2：方向盘是转动的。

生3：推窗户是向右运动的。

生4：风车是转动的。

生5：推箱子是向左运动的。

生6：钟表的指针是转动的。

师：你能按照一定的标准给它们分类吗？

生1：升国旗、推窗户、推箱子是一类运动，它们都是沿直线运动的。

生2：转方向盘、转风车、指针转动是一类运动。

2. 认一认，呈现分类结果。

**师：**说一说这两类运动有什么不同之处。

学生观察分类结果，并描述这两类运动的不同之处。

生1：升国旗这类运动是沿直线运动的。

生2：风车转动是围绕一个中心旋转的。

**教师总结：**像升国旗、推拉窗户、推箱子的运动等，这些沿直线运动的现象都是平移运动；而像旋转方向盘、风车转动、表针转动等这些围绕某一点旋转的现象，都是旋转运动。

3. 做一做。

**师：**你能做一个表示平移或旋转的动作吗？

学生先思考，再做动作。

生1：推书是平移。

生2：胳膊绕肩膀转一圈是旋转。

**师：**现在我们玩一个"我做你猜"的游戏。一个同学做出平移或旋转的动作，其他同学说出是平移还是旋转。

学生进行"我做你猜"的游戏。

**师：**你还见过哪些平移和旋转的现象？和同桌说一说。

学生交流见过的平移和旋转现象。

生1：摩天轮的运动是旋转。

生2：拉抽屉的运动是平移。

**环节三　运用模型，巩固新知**

学生完成学习单。

生1：拉抽屉的运动是平移。

生2：光碟机的运动是平移。

生3：大门的运动是平移。

生4：转动门的运动是旋转。

生5：方向盘的运动是旋转。

生6：风车的运动是旋转。

生7：拧水龙头的运动是旋转。

生8：螺旋桨的运动是旋转。

**环节四　课堂小结，回顾反思**

**师：**说一说通过这堂课的学习，你有什么收获。

学生畅谈收获。

**环节五　课后测评**

1. 找一找生活中的平移和旋转现象，并记录下来。

2. 关于本案例的评价量表如表5-8所示。

表5-8　"教—学—评"一致性评价量表

| 评价目标 | 评价任务 | 评价标准 |
|---|---|---|
| 能够判断物体的平移和旋转现象，并理解平移和旋转的实际意义及其区别 | 在课堂上，应关注学生能否判断平移和旋转现象，并指出平移与旋转的区别 | （1）无法判断平移和旋转现象。<br>（2）能够判断平移和旋转现象，并清楚说明平移与旋转的区别 |
| 能举例说说生活中的平移和旋转现象，体会数学与生活的联系 | 关注学生能否找出生活中的平移和旋转现象 | （1）不能找出生活中的平移和旋转现象。<br>（2）能找出生活中的平移和旋转的现象 |

# 第六章

# 统计与概率主题

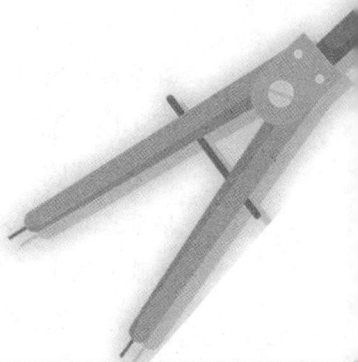

统计与概率是义务教育阶段数学学习的重要内容，其知识和思想方法是大数据时代下人们必备的素养。统计与概率领域主要包括"数据分类""数据的收集、整理与表达"和"随机现象发生的可能性"。学生在学习的过程中，将了解统计与概率的基础知识，感悟数据分析的过程，形成数据意识。[1]

## 第一节　统计与概率主题内容分析

在小学阶段，通过数据统计过程的体验和简单应用，通过游戏、实验等活动让学生初步体验数据的收集、整理和分析过程，主要发展学生的数据意识。在初中阶段，通过样本数据推断总体特征，定量刻画随机事件发生的可能性，形成和发展数据观念。统计与概率教学的一致性体现在通过实际问题的引入，在解决实际问题的过程中，逐步形成对统计与概率的基本认识和理解，使学生获得符合其发展水平的数学知识和能力。

---

[1]中华人民共和国教育部. 义务教育数学课程标准（2022年版）[M]. 北京：北京师范大学出版社，2022：36.

## 一、统计与概率主题内容概述

### （一）统计与概率内容框架图

统计与概率的内容框架如图6-1所示。

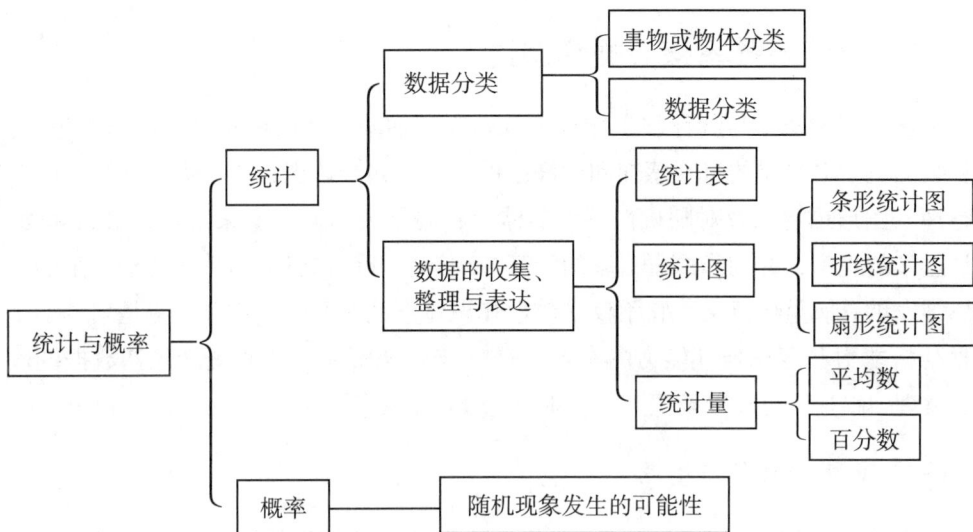

**图6-1 统计与概率的内容框架**

### （二）统计与概率学段概述

随着教育改革的不断深入，数学新课标在统计与概率部分进行了重大调整。这部分内容不仅是义务教育阶段数学学习的重要组成部分，也是培养学生数据素养、统计思维以及解决实际问题能力的重要途径，体现了"教—学—评"的一致性。现对"统计与概率"主题内容、学业要求、教学提示分阶段进行阐述。

第一阶段：对物体、图形或数据进行分类，初步了解分类与分类标准的关系，形成初步的数据意识。[1]在教学中，可依据一定的标准区分事物，将其划分为不同的类别，使学生能够从中感悟对事物共性的抽象过程。

第二阶段：引导学生经历收集、整理、表达和分析数据的过程，培养他们对数据的感悟意识。学生能够读懂报纸、电视、互联网上的简单统计表；认识条形统计图，理解横轴和纵轴的含义及它们之间的关联；能够用条形统计图表示数据并进行简单的分析；理解平均数的统计意义，知道平均数可以描述一组数据的集中趋势，

---

[1]中华人民共和国教育部. 义务教育数学课程标准（2022年版）[M]. 北京：北京师范大学出版社，2022：37.

并能解决有关平均数的数学问题。

第三阶段：根据具体情况灵活选择数据收集的方式，并整理和分析数据，总结出数据分析的结论。了解折线统计图和扇形统计图，明确条形统计图、折线统计图和扇形统计图的含义，并能根据实际情况选择合适的统计图进行呈现。认识百分数，重点理解百分数的统计意义，培养初步的应用意识。

## 二、统计与概率核心概念阐述

小学阶段的概率与统计教学体现了从直观到抽象、从简单到复杂的思维过程。低年级侧重于对数据的直观感知和对确定性事件的初步认识；中年级引入数据的系统整理、图形描述以及对随机性事件的体验；高年级则进一步深化对数据的解读、统计意义的理解，并初步探索概率的计算与理解。统计与概率的学习对于学生的数学思维发展具有重要意义。它不仅是数学知识体系的重要组成部分，更是培养学生数据分析能力和逻辑推理能力的有效途径。统计与概率的核心概念包括数据的收集、整理、描述、分析以及概率的基本概念及其应用等。

### （一）数据的收集与整理

学生需要了解如何通过观察、实验或调查等方式收集数据，并对数据进行分类、排序和整理。例如，一个班级进行了一次数学测验，老师需要将学生的分数进行分类统计。关键点是明确分类标准（如优秀、良好、中等、及格、不及格），然后将每个学生的分数归入对应的类别进行统计。通过对数据的收集与整理，可以培养学生的观察能力和分类意识，为后续的数据分析打下基础。

### （二）数据的描述与分析

学会使用统计图表来描述一组数据，并通过计算分析数据的特征。以超市某商品在不同时间段的销售变化情况为例：在绘制销售折线统计图时，首先应确定时间段和销售额，然后将每个时间段的销售额标记在图表上并连线，最后通过观察分析得出不同时间段销售量的变化情况。综上所述，数据的描述与分析有助于学生直观理解数据的分布和特征，培养他们的数据分析能力和逻辑思维能力。

### （三）概率的基本概念及应用

学生需要理解概率是描述随机事件发生可能性的一个度量，并学会计算简单事件的概率。例如，抛一枚硬币，正面朝上的概率是多少？关键在于明确硬币既可以正面朝上的，也可以反面朝上。在这种情况下，可以用百分比来表达正面朝上的概率。

学习概率有助于学生理解现实生活中的不确定性，并培养他们的预测能力和决策能力。

## 三、统计与概率主题素养表现及其概述

数学新课标在统计与概率领域进行了一系列调整，更能有效培养学生的数据意识、应用意识、推理能力等核心素养。这些变化不仅反映了数学教育的最新发展趋势，也为教师教学、学生学习以及评价体系带来了新的挑战和机遇。

### （一）数据意识

在统计与概率领域的整体结构中，"数据分类"被列为三大主题之一，其本质是根据信息对事物进行分类。要求学生能够根据事物的特点确立分类标准，并让学生体验数据收集、整理和分析的过程，以凸显统计内容的核心素养。例如，为了调查全班同学在四季中的生日分布情况，学生需要先了解四季各包含的月份，然后分小组收集数据并填写统计表，接着根据条形统计图中横轴和纵轴表示的意义，完成统计图的绘制。学生在读图的过程中实际上是从具象到抽象地进行统计分析，之后在学习复式条形统计图时，学生还将进一步通过观察和分析，发现一格既可以表示一个单位，也可以表示多个单位，并在分析中根据实际情况灵活调整标准，感受数据所蕴含的意义，从而培养数据意识。

### （二）应用意识

在具体知识点和技能要求上，数学新课标对统计与概率领域的内容进行了更新和细化。一方面，新课标增加了一些与现代社会生活紧密相关的统计和概率知识，倡导学生主动收集数据，例如利用互联网、物联网、遥感等新方式获取数据；另一方面，对原有的知识点和技能要求进行了细化和深化，如更加强调数据的收集和分析能力、概率的实际应用等。百分数的内容原本属于数与代数板块，现在被调整到了统计与概率板块，强调在实际情境中理解百分数的统计意义，培养学生的应用意识。以认识扇形统计图为例，明确扇形统计图是用一个圆表示各个部分的总数量，并在圆内用大小不同的扇形表示各个部分的数量占总数量的百分比。通过倍数关系的表达、随机现象的表达，到感悟百分数的统计意义，让学生在解决问题的过程中能够体会到百分数的应用价值。

### （三）推理意识

学生通过亲身体验数据的收集、整理和分析过程，可以加深对统计概念的理

解。在数据分析过程中，学生能够初步理解概率的概念，并学会计算简单事件发生的概率，从而逐渐培养数据分析能力，形成逻辑推理意识。"平均数"是培养学生数学核心素养的重要载体，教师应引导学生理解平均数代表一组数据的集中趋势，让学生参与数据的收集、整理、描述和分析的全过程，使他们学会解读平均数背后的信息，理解数据所代表的实际意义。通过引导学生从平均数的角度发现并提出新问题，可以培养他们的推理意识和创新思维。

统计与概率是数学学科的重要分支，它不仅是数学基础知识的重要组成部分，更是培养学生逻辑思维、数据分析能力和应用实践能力的重要途径。在小学阶段，通过学习概率与统计，学生可以初步理解数据的收集、整理、描述和分析方法，学会用数据表达观点和进行决策，从而培养科学严谨的态度和理性思维的能力。

## 四、统计与概率主题的学业要求及其说明

在"数据分类""数据的收集、整理与表达"和"随机现象发生的可能性"三个主题中，统计与概率的学业要求包括：能够根据事物的特征，按照一定的标准进行分类；能发现事物的特征并制定分类标准；[①]能够感知事物的异同并表达分类的过程；经历简单的数据收集、整理、描述的过程，并对数据进行分析；认识各种简单的统计表和统计图；探索平均数的意义，合理应用统计表和平均数解决相关问题，形成初步的数据意识和应用意识。不同学段的学业要求遵循螺旋上升、逐步进阶的规律，学生在达成要求的过程中掌握统计与概率的基础知识和技能，积累基本的活动经验，逐步形成适应终身发展需要的核心素养。

### （一）高阶目标达成全貌

通过统计与概率的学习，将核心素养的目标贯穿于"四基""四能""情意"三个方面，构成三位一体的核心素养课程目标体系。[②]多维目标的达成使学生能够理解统计与概率的基本概念；能够根据给定的数据，绘制并解释简单的统计图表，以及进行数据的整理、排序和分类；能够运用概率的基本公式进行简单的概率计算等。通过实践活动，学生能够掌握数据收集的基本方法，并能够运用统计方法对数据进行处理和分析；能够运用统计与概率的知识进行简单的逻辑推理，如通过数据分析预测未来趋势、判断事件的合理性等；能够运用统计与概率的知识解决生活中的实际问题，如制定调查计划、分析调查结果等。在情感与态度上，培养学生对统

---

① 中华人民共和国教育部. 义务教育数学课程标准（2022年版）[M]. 北京：北京师范大学出版社，2022：37.

② 曹一鸣. 新版课程标准解析与教学指导. 小学数学[M]. 北京：北京师范大学出版社，2022：31.

计与概率学习的兴趣，使他们感受到数学与生活的紧密联系；培养学生与他人合作解决问题的能力，并对数据和结论保持客观公正的判断力。在应用意识的培养上，将统计与概率的知识应用于生活中的实际问题，让学生在实践中体验统计与概率的应用价值。

通过实践活动，培养学生的问题解决能力，使他们学会运用统计与概率的知识解决实际问题。最终目标是培养学生的数据意识，让他们认识到数据在现代社会中的重要性，并学会用数据说话；培养学生的决策能力，使他们能够根据数据和分析结果做出合理的决策；激发学生的创新思维，鼓励他们在数据分析的基础上提出新的想法和观点，促进知识的创新和发展。

### （二）核心素养达成路径

**1. 基于知识本质，关注形成过程**

在统计与概率的教学过程中，教师需要掌握知识的整体内容框架，构建结构化的数学知识体系。在数据分类中，教师应启发学生讨论分类标准，引导学生表述排序和筛选的依据，帮助学生认识事物的异同，形成初步的数据意识。以"联欢会怎么买水果"为例，通过问题驱动，引导学生自主探索记录方式，充分交流解决问题的方法，让学生亲身经历调查的全过程，从而发展他们的数据分析观念和解决问题的能力。在统计与概率中，数据的收集、整理与表达是分阶段进行的。复式折线统计图不仅可以表达一组数据的不同变化，还能展现多组数据的变化趋势，从而拓展学生的思路，使他们获得多角度的数据分析观念。关于随机现象发生的可能性，教师应让学生感受简单的随机现象，并通过实例对可能性的大小进行描述。

**2. 注重建立结构，形成思维网络**

注意构建知识的横向和纵向结构。在数据的收集、整理与表达过程中，要学会查看统计表，明确条形统计图、折线统计图和扇形统计图的特征，并掌握平均数和百分数这两个统计量。学生在课前可以通过阅读教材、参考书籍和上网查询等方式收集数据，自主学习概率与统计的基本知识和方法。在课堂上，学生可以参与课堂讨论、小组合作和案例分析等活动，这有助于他们更好地理解和掌握概率与统计的知识和技能。通过与同学和老师的互动交流，学生可以发现自身的不足并加以改进。通过参加实践活动，学生可以亲身体验概率与统计的应用价值。这种学习方式能够帮助学生更深入地理解理论知识，并将其应用于实际问题中。以"调查我国领土面积和各省的面积"为例，可以明确部分占整体的百分比用百分数表示的必要性。从学生学习统计与概率知识的建构过程可以看出，学生从数据分类到数据的整

理与表达，再到数据的分析，逐步形成了结构化的思维网络。

3. 关注多元评价，增强评价维度

在统计与概率教学中，评价目标多元化、评价方法多样化、注重学习过程以及数据分析体验等，是小学统计与概率教学评价的新趋势。我们不再局限于传统知识的传授，而是更加重视学生的运用能力、问题解决能力以及数学思维能力。评价目标应涵盖学生的统计意识、数据收集与分析能力、概率直觉等多个方面。在评价方法上，小学统计与概率教学应打破单一的纸笔测试形式，引入更多元化的评价方式。在学习过程中，应展示统计与概率知识的应用能力。例如，在数据分析中，需强调学生对数据分析的体验和感受，引导学生通过实际操作和实践活动，掌握数据分析的基本方法和技能。通过评价学生的数学思维、问题解决能力、交流合作能力等方面，了解学生的综合素质水平，以落实核心素养的培养。

统计与概率在小学教学阶段具有重要意义、核心地位与关键作用。它不仅帮助学生理解数据的本质，还能培养学生对随机性的认识与分析能力。统计教会学生如何收集、整理、描述和分析数据，而概率则让学生认识到事物发生的可能性，为学生将来学习更复杂的数学模型提供坚实的基础。这些能力的培养，对学生认识现实世界和解决问题具有深远影响。

# 第二节　统计与概率主题"教—学—评"整体设计

数学新课标指出：统计与概率是一个重要的知识领域，是实际生活中学习数学、应用数学的重要基础，也可以说是数据收集、整理与分析的应用与实践。该板块在小学阶段内容不多，分布在各学段不同章节中，但知识之间是具有关联性的，好似一条绳子将各个知识点串接起来，让整个内容"形散而神不散"，知识难度也呈螺旋式上升的方式来发展学生的数据意识和应用意识。

从教学视角来看，"教—学—评"一致性具有双重内涵：其一，涉及"课程标准—教学—评价"之间的一致性；其二，围绕学习目标来实现"教学—学习—评价"之间的一致性。[①]与《义务教育教学课程标准（2011年版）》对比，内容主线大体一致，细化了评价与测评标准，加强了学生数据意识的培养，进一步明确了"为什么教"，确定了"教什么""怎样教"的具体意见，为落实核心素养指明了方向，真正使评价为"教与学"引路，发挥导向性作用。

---

① 曹一鸣. 新版课程标准解析与教学指导. 小学数学[M]. 北京：北京师范大学出版社，2022：8.

# 一、统计与概率教学经验的概述

在小学阶段，统计与概率学习的核心目标是"发展数据分析观念"，而并非单纯地培养统计计算、绘制统计图表等学习技能。学习的真正意义是当学生面对实际问题时，可通过经历"收集—分析—估测—运用—评价"的统计过程，形成一种收集、整理、表达数据的思维方式，真正能实现"教—学—评"的一致性。要丰富学生统计经验，培养统计意识，促进数学思维经验的形成，我们可以重视以下几个方面。

## (一) 创设实际生活问题，积累实践性经验

### 1. 在数学实践活动中，积累数据分析的经验

在研究问题之前，我们应先进行调查研究、收集数据，从分析与问题相关的数据入手，做出判断，体会数据中蕴含的信息。以"班级男生运动鞋平均鞋码"的统计活动为例：我们可以在全班鞋码数据中查看哪个鞋码的值出现次数最多，最长鞋码和最短鞋码的数据差异有多少，从而引导学生思考：用"平均数"可以代表这组数据有什么特点？此外，我们还可以进行知识延伸，让学生了解脚长可能与遗传基因、营养因素、生长速度等因素有关，或者让学生进一步联系生活，开展如解决班级购鞋经费计算等拓展性问题。

### 2. 在数学实践活动中，培养数据分析的习惯

在数据收集的过程中，我们会发现，对于相同的事情，每次收集到的数据可能不同且无规律。然而，当收集的数据量达到一定程度，并经过数据分类和汇总分析后，又能找到一些规律。这就需要通过实践活动让学生去体会，从而培养他们的数据分析习惯。

以"掷硬币"活动为例：全班学生每两人一组，分别记录各自投掷10次的结果，发现不同组的抛掷结果并不一定相同。面对这样的问题，如果教师仅仅告诉学生抛到正反两面的可能性是相等的，学生可能会心存疑惑。因此，我们应让学生有足够的实践体验，收集足够的数据。在体验随机现象的同时，学生就能从中发现规律或得出结论，最终形成实践性的经验。

### 3. 在数学实践活动中，比较收集和整理数据的不同方法

根据问题的不同，数据收集及整理的方法可以有多种。对于同一组数据，往往可以用不同的统计图表和统计量来表示数据整理的结果。其实，方法没有对错之分，只看哪种方法更合理。因此，我们要引导学生对各种方法进行尝试，从而选择最适合的方式和调查方法。

例如：为了反映某单位不同岗位员工的收入情况，我们可以使用"平均数"来表示这组数据的一般水平。如果收入不均衡，出现极端数据，也可以用"众数"或"中位数"来表示大多数人的收入情况。此外，我们还可以考虑用条形统计图来表示不同岗位收入数据的大小情况，或者借助"百分数"的意义用扇形统计图呈现部分收入与整体收入的关系。通过比较，得出最适合解决问题的统计方式。

4.在数学实践活动中，积累数据分析的研究经验

我们可以依据问题，关联统计图表中的有用信息，进而做出相关的预测，这是培养统计素养的重要体现。首先，是对数据本身的读取；其次，是对数据之间关系的分析和解读；最后，是对数据中隐藏信息的挖掘。通过数据进行判断、预测和推理，并能够回答相关的具体问题。

以"某两个城市上半年温度变化的折线图"为例：我们可以要求学生观察，哪个城市在某个月份的温度是多少。也可以引导学生思考数据之间的变化关系，分析从几月份到几月份哪个城市的温度变化最快，哪个城市变化最慢。还可以根据统计信息，推测下个月两个城市的温度可能是多少。当然，我们也可以收集更多的数据，以进行更全面的考虑，从而做出更合理的预测。例如，收集这两个城市近几年在这个月的温度变化情况，以帮助预测下一个月的气温情况，这同样是一种统计数据分析的研究方法。

## （二）数学思维层面上，培养统计应用的核心素养

培养学生的创新意识和实践能力是素质教育的核心。[①]教育的主要目的是培养具有创新思维和创新能力的新生代，以促进未来社会经济、科技等各个领域的发展。在统计与概率的学习中，我们可以采用多样化的教学方式来提高学生的思维技能，从而培养他们统计应用的核心素养。

1.注重一题多解，培养学生的创新能力

在学习过程中，我们要注重培养学生的创新思维能力，以提高他们的探究兴趣和能力，并培养思维的灵活性。以"书本漂流跳蚤市场"主题课程为例，不同年级的学生可以确定不同的统计研究问题：低年级学生可以统计班级售卖的课外书本类型和数量；中年级学生可以根据销售情况绘制统计表或条形统计图；高年级学生则可以思考不同年级销售策略下促销结果的变化，并尝试用不同的统计图进行对比。此外，我们还可以考虑不同销售策略的设计，使用百分数表示各年级销量与整体销

---

① 李顺华，范玉妹.概率统计教学如何培养学生的思维能力[J].北京科技大学学报（社会科学版），2005（6）：63-65.

量的关系等问题，以拓展学生统计思维的深度和广度，从而培养学生的创新能力。

2. 由"确定性"向"不确定性"过渡，培养学生随机性思维的意识

陈希孺先生说："统计规律的教育意义在于看问题不可绝对化，习惯于从统计规律看问题的人在思想上不会偏执一端。"[1]在概率统计教学过程中，我们必须结合生活中的随机现象，引导学生去分析、思考，理解"随机"的含义，激发学生自觉培养随机性思维的意识。

例如，在"可能性"课程中，教师通过引导学生进行"摸球""猜球""放球"等一系列活动，在活动经验的不断积累和深入体验中，学生对已有知识不断重构，从而建构了"可能"的思维本质概念，这对促进学生思维发展具有积极作用。

## 二、统计与概率学生活动经验的概述

统计与概率作为数学学习的四大领域之一，在数学教育中具有重要地位。学生在此之前可能已有一定的生活经验，但其中部分经验可能存在认知错误。那么，如何才能建立正确的学习认知呢？学生需要亲自参与数据的统计、整理和分析的过程，估测结果发生的概率，分析结果，不断修正自身的错误经验，最终建立起统计与概率的知识模型。由此可见，在学习过程中，学生需要通过实践活动来深化对统计与概率概念的理解。

以"评选吉祥物"主题活动为例，将评选吉祥物制作班徽作为任务驱动，学生为了找到班级中最受欢迎的吉祥物，首先尝试了举手的统计方法，但发现这种方法容易遗漏，于是改用更为优越的投票方法。接着，他们探索记录的方法，在不断地实践和调整中，掌握了数据收集与整理的基本方法，形成了数学基本活动经验。在"生日调查"活动中，学生对不同季节过生日的人数进行了数据统计、表示与分析。当他们发现自己的统计方法与同学淘气的结果不一致时，主动探究淘气所用的更直观的条形统计图。在理解条形统计图的过程中，他们积累了统计活动的经验。在学习扇形统计图的过程中，学生通过观察明确了部分与整体的关系，利用百分数的知识对扇形统计图中的信息进行基础分析，理解了百分数在统计中的意义。他们在探索与实践中挖掘了数据背后的信息和规律，形成了数据分析活动的经验。

一旦学生活动经验丰富，形成了统计观念，他们就能够从统计的角度思考与数据有关的问题，经历数据收集、数据表达和数据分析的全过程，最终做出合理的统计决策，从而更深刻地感悟到统计的价值。

---

[1] 陈希孺. 概率论与数理统计[M]. 合肥：中国科学技术大学出版社，2009.

## 三、统计与概率评价机制的概述

评价机制的建立旨在帮助学生了解自己对知识的掌握情况，不仅包括对基础知识层面的理解，还涉及数学思维层面的探索。评价同时也帮助教师关注学生对学习内容的掌握情况，以便及时改进和调整教学方式。

### （一）关注教学目标，实现综合评价标准的一致性

我们可以围绕统计与概率活动关注多维目标，确保教学目标与表现性评价目标的一致性。例如，在第一学段"数据分类"的教学中，通过"分扣子"活动，可以引导学生先确定分类标准，并认识到不同分类标准下结果可能不同；还可以启发学生先确定一个分类标准，再基于第一次的分类结果思考其他分类方式，从而体会层层递进的思考方式，培养学生掌握事物特征和抽象事物共性的能力。

### （二）关注过程评价，便于学习任务的针对性调整

可以设计一些开放性的问题，让学生应用统计与概率知识解决实际情境中的问题，进行过程性认知的评估。通过过程评价，客观地评估学生解决问题的能力和应用知识的能力。

### （三）重视多元评价，构建学习任务评价的一体化

评价主体多元化是进一步提高评价准确性和可信度的重要方式。我们将评价大致分为量性评价和质性评价。[1]

在量性评价方面，我们主要关注学生对基本知识的认知、具体问题的理解及解决问题的能力，常采取数学策略应用、问题处理方式、知识评估测试、作业完成质量等量化评价方式开展活动。在质性评价方面，我们重点关注学习行为、学习态度、情感价值观或某些细节和小的利弊得失。多采取学生自评、同学互评、教师评价等方式，做到客观性、激励性、发展性，并重视对学生独立个性和健全人格的关注，要用发展的眼光和标准来评价学生。

综上所述，多样化的评价方法可以全面评估学生的学习水平和能力，并提供有针对性的指导和反馈，优化教学方法，加强"教—学—评"一致性的关联度，构建更优质的课堂，使学生能更好地掌握统计知识，实现学习任务评价的一体化。

---

[1] 南纪稳. 量化教学评价与质性教学评价的比较分析[J]. 当代教师教育，2013（1）：89-92.

## 四、统计与概率单元作业设计概述

单元作业设计是教学中的一个重要环节，合理的作业设计可以有效提高学生的学习效果，激发他们的学习潜能。在"统计与概率"板块中，我们可以将学科内容与实际生活相结合，促进学生在实践中进行数据收集、统计和分析，建立统计与概率的知识模型。在这一过程中，学生能够深入理解并灵活应用所学知识，发展统计思维意识。

### (一) 单元作业设计原则

在进行单元作业设计时，我们要注重以下原则：

整体性原则：注重知识的系统性和连贯性，避免知识的碎片化和孤立化。

目标导向原则：以教学目标为导向，设计符合目标要求的作业。

贴近学生实际原则：尊重学生的主体地位，设计联系实际且适合学生认知水平的作业。

实践性原则：设计具有实践性和探究性的作业，注重培养学生的实践能力和问题解决能力，引导学生将所学知识应用于实际。

个性化原则：给为学生创造空间，充分发挥他们的特长和兴趣。

### (二) 单元作业设计模式

我们可以将多维目标融合为一体，设计出基础性练习、综合性练习、发展性练习等不同模式的作业。在设计时，应切实分析学情，根据单元主题和目标确定作业的类型、形式和难度。例如，基础性练习要注重教学目标的达成，尊重学生的主体认知；综合性练习要突出单元的重难点知识，重视培养学生解决实际问题的能力；发展性练习则要注重个性化发展，提升学生的创新能力和综合能力，培养学生的发展意识。此外，明确作业评价标准，并落实单元作业设计过程中的反馈也是必不可少的。这样可以及时改进单元作业设计，提高作业的针对性和发展性。

单元作业设计是一项严谨且理性的工作，要求我们在学生掌握统计与概率基本知识和技能的基础上，发展学生的统计意识并培养他们的思维能力。通过多样化的作业设计，可以激发学生的学习兴趣，提高解决统计问题的能力，发展学生的数据意识和统计思维，促进数学素养的形成。

# 第三节  统计与概率主题典型案例

统计与概率知识整体解读如表6-1所示。

表6-1  统计与概率知识整体解读

| 年级 | 学业要求 | 内容要求 | 核心素养表现 |
|---|---|---|---|
| 一上 | （1）能识别事物的特征，并根据事物的不同属性确定标准进行分类。<br>（2）选择标准对物品进行分类，并能够用简单的语言描述分类的过程。<br>（3）感知事物的共性和差异，体会分类的多样性和必要性，形成初步的数据意识 | 认识分类的含义和方法，按不同标准进行分类 | 数据分类意识 |
| 二下 | （1）通过简单的数据收集和整理过程，体会调查、收集和整理数据的必要性。<br>（2）能通过多样化的数据记录方式，丰富对数据分析的经验积累，并能用简洁的语言描述分类过程 | 使用不同调查方法来记录调查数据 | 能够用数学语言描述现实世界 |
| 三下 | （1）再次经历数据调查、收集、整理的过程，在解决实际问题的过程中，让学生体会到统计在生活中的重要性。<br>（2）逐步培养学生的数据意识和数据分析观念 | 收集、整理和分析数据，用数据解决实际问题 | 数据分析观念 |
| 四上 | （1）通过"掷硬币"游戏，学生能够认识到事件的发生具有不确定性，并能列出所有可能的结果。<br>（2）在结合摸球游戏的情境中，学生将经历分析和思考的过程，以判断不同事件发生的可能性大小 | 事物发生的不确定性，列出简单随机现象中所有可能发生的结果 | 数据分析能力 |
| 四下 | （1）能够运用条形图和折线图合理地表示数据，分析并表达数据中蕴含的信息，了解不同统计图的特点。<br>（2）认识平均数，并能够根据平均数的含义解决与其相关的简单实际问题 | 条形统计图、折线统计图和平均数 | 应用意识 |
| 五上 | （1）通过各种游戏活动，感受事件发生的等可能性，理解游戏规则的公平性。<br>（2）在活动中体会事件发生的随机性，理解现象发生的可能性大小不一，能够判断等可能性事件 | 数据的随机性、公平性的规律，可能性大小的定性判断 | 逻辑思维能力 |

| 年级 | 学业要求 | 内容要求 | 核心素养表现 |
|---|---|---|---|
| 五下 | （1）了解复式条形图和折线统计图的功能，能够根据实际问题的需要，通过合适的方式获取数据，并绘制条形统计图和折线统计图。<br>（2）能够根据数据结果进行简单的判断和预测，逐步形成数据分析的观念 | 复式条形、复式折线统计图及其特点，解决简单的实际问题 | 数据意识 |
| 六上 | （1）认识扇形统计图，并能够解释其表示的意义。<br>（2）根据实际生活情境理解百分数的统计意义，并能够解决与百分数有关的简单问题。<br>（3）在认识及应用统计图表和百分数的过程中，形成数据意识，发展应用意识 | 认识百分数的意义及扇形统计图特点 | 应用意识 |

## ➡ 【典型案例A】数据分类 ⬅

## 一、单元内容解读

通过简单的数据收集和整理过程，了解调查方法，能够理解他人对调查数据及结果的记录，并能用自己的方式呈现整理后的数据结果，体会调查、收集和整理数据的必要性。数据分类的内容框架如图6-2所示。

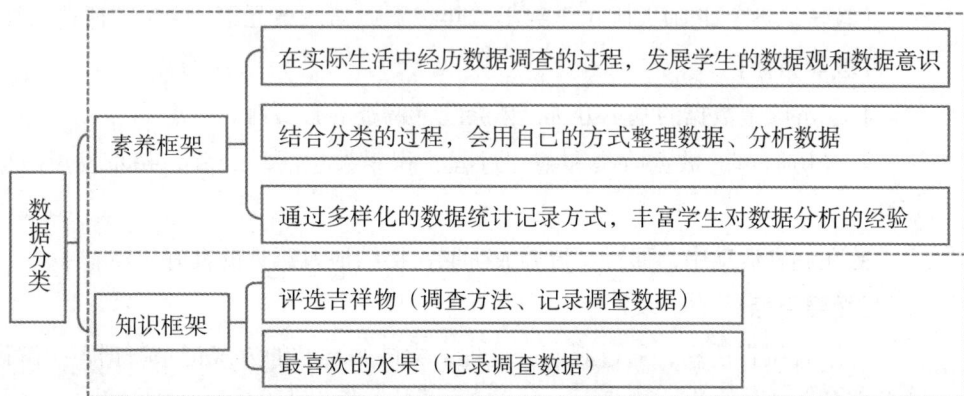

数据分类

素养框架
- 在实际生活中经历数据调查的过程，发展学生的数据观和数据意识
- 结合分类的过程，会用自己的方式整理数据、分析数据
- 通过多样化的数据统计记录方式，丰富学生对数据分析的经验

知识框架
- 评选吉祥物（调查方法、记录调查数据）
- 最喜欢的水果（记录调查数据）

**图6-2 数据分类的内容框架**

## 二、学情分析

本单元的教学建立在学生已经积累了物体分类、认数和加减计算经验的基础之上。教科书鼓励学生运用自己的方法整理数据结果，而不要求他们学习"正式"的统计图，以突出学生在数据分析方面的体验。这种方法通过早期多样化的经验积累，为以后正式学习统计图表和统计量奠定了比较牢固的基础。

## 三、重点课例设计——评选吉祥物

### （一）课时前测自评（表6-2）

表6-2　课时前测自评表

| 课时名称 | 前测内容 | 程度 | | | 学生反馈情况 | 统计情况/人 | 前测人数/人 |
|---|---|---|---|---|---|---|---|
| | | a | b | c | | | |
| 评选吉祥物 | （1）你知道调查有哪些方法吗？ | 知道 | 不太确定 | 不知道 | a | 30 | 39 |
| | （2）你知道怎样记录调查数据吗？ | 知道 | 不太确定 | 不知道 | c | 36 | |

### （二）教学实录

【教学内容】北师大版小学数学二年级下册第八单元第1课时"评选吉祥物"。

【教学目标】

1. 了解收集数据的基本方法，体会统计调查的必要性。

2. 经历简单的数据收集和整理过程，积累数学活动经验，初步发展数据分析观念。

3. 在调查活动中，通过交流养成听取、接纳他人意见的良好习惯。

【发展目标】

1. 结合调查活动，通过观察、整理，尝试用自己的方式记录数据，了解记录调查数据的方法。

2. 通过解决生活中的实际问题，了解在现实生活中有哪些问题应当先做调查研究，并根据实际情况选择合适的调查方法，培养学生的应用意识。

3. 在表达自己意见的过程中，增强学习数学的自信和创造力，以及对数据调查

活动的兴趣，感知数学在生活中的应用。

**【教学重点】** 学会调查、收集、整理、记录数据。

**【教学难点】** 在调查与记录的过程中培养学生的数据意识与应用意识。

**【教学准备】** 课件、投票箱、选票（便利贴）。

**【教学过程】**

**环节一　情境引入**

出示情境图：快到六一儿童节了，学校要举办庆祝会。我们班准备评选出班级吉祥物来制作班徽。这节课，我们就一起来评选我们班的吉祥物吧。

教师板书课题"评选吉祥物"。

**环节二　模型建构**

1. 联系生活，体会调查的必要性。

**师：** 有4种小动物，我们怎样确定哪种小动物成为班级的吉祥物呢?

**生：** 可以调查每一位同学，看看哪一种小动物是大家最喜欢的。（教师板书：调查）

2. 确定调查方法。

**师：** 你们有哪些调查方法?

**生1：** 可以举手。

（1）用举手的方法尝试调查，并明确举手调查的优缺点。

**师：** 如何用举手的方法来进行调查?

**生1：** 希望哪种小动物成为班级吉祥物的同学就举手，然后记录人数。

**师：** 请生1带领大家用举手的方法进行调查。（教师在黑板上记录）

**师：** 调查结束后，你们有什么发现吗?

**生2：** 人数不对。

**师：** 怎么会不对呢?

**生2：** 今天有两位同学请假了，可是举手的人数还是和我们班的总人数相同。

**师：** 怎么会这样呢?

**生3：** 可能是有同学重复举手了。

**师：** 原来如此，那么在举手投票的时候不能重复举手。（板书：不重复）

**师：** 举手调查的方法有什么优缺点呢?

**生4：** 举手调查很快、很方便，但容易出错。

**师：** 如果要评选全校同学最喜欢的小动物，你会想用举手的方法调查吗?

生5：不想，因为人太多了，举手的方法就非常不方便，而且容易出错。

（2）用投票的方法尝试调查。

**师**：还有别的调查方法吗？

**生1**：可以用投票。

**师**：如何用投票的方法调查呢？

**生2**：可以在纸上写下喜欢的小动物的名字，然后放进投票箱里。

**师**：好，那我们试试。请同学们将你们喜欢的小动物的名字写在课前发给你们的便笺纸上。

（学生操作，教师拿出一个投票箱收集投票）

**师**：每个同学都投票了吗？要注意哦，不能遗漏。（板书：不遗漏）

3. 对投票进行分类、整理。

**师**：现在投票箱里的票很乱，接下来我们应该做什么呢？

**生**：将收集的投票进行分类，把选相同小动物的票放在一起。

（请两名学生帮忙分类、整理投票）

4. 观察他人的记录方法，说说别人是怎样记录投票结果的。

**师**：投票都分类整理好了，接下来我们还要做什么？

**生**：数一数每种小动物有多少人选，并做好记录。

**师**：没错，就是记录投票结果。在记录之前，先来看看二（2）班的小郭同学是如何记录他们班的投票结果的，你能看懂他的记录方法吗？（出示记录方法）

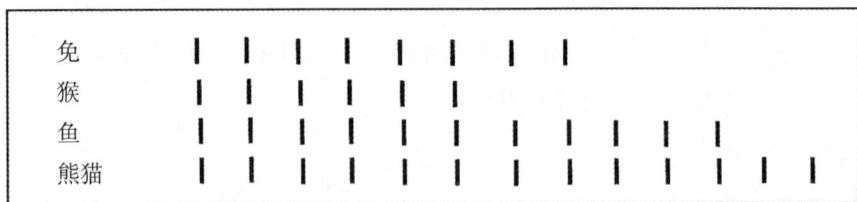

| 兔 | ❘ ❘ ❘ ❘ ❘ ❘ ❘ ❘ |
| 猴 | ❘ ❘ ❘ ❘ ❘ |
| 鱼 | ❘ ❘ ❘ ❘ ❘ ❘ ❘ ❘ ❘ ❘ |
| 熊猫 | ❘ ❘ ❘ ❘ ❘ ❘ ❘ ❘ ❘ ❘ ❘ ❘ |

**生**：他把小动物的名字写在最左边，每画1条竖线表示有1个人选择了该动物。最后数一数有多少条竖线，就代表有多少票。

**师**：你理解得真好，给你点赞！小兔名字后面的竖线表示选择小兔的人数，每1条竖线代表1个人选择了小兔，一共有8条竖线，就表示8个人选择了小兔作为吉祥物。

**师**：你能像我这样说说其他小动物的得票情况吗？先和同桌一起讨论一下。

学生与同桌讨论。

生1：小猴名字后面的竖线表示选择小猴的人数，每1条竖线代表1个人选择了小猴，一共有6条竖线，就表示六个人选择小猴作为吉祥物。

生2：小鱼名字后面的竖线表示选择小鱼的人数，每1条竖线代表1个人选择了小鱼，一共有11条竖线，就表示11个人选择小鱼作为吉祥物。

生3：熊猫名字后面的竖线表示选择熊猫的人数，每1条竖线代表1个人选择了熊猫，一共有13条竖线，就表示13个人选择熊猫作为吉祥物。

**师：** 二（2）班的麒麒同学是这样记录的，你能看懂吗？你能像刚才描述小郭同学的记录方法那样来描述麒麒同学的记录结果吗？（出示记录方法）

兔　　○○○○○○○　8

猴　　×××××× 6

鱼　　□□□□□□□□□□□　11

熊猫　△△△△△△△△△△△△△　13

**生：** 麒麒用不同的图形表示投票，还细心地在后面写出了每种动物的投票人数。

**师：** 你真会观察！那么，小郭和麒麒的记录方法有什么相同和不同之处呢？写出人数有什么好处呢？

生1：他们都在左边写出了小动物的名字。麒麒写出了每种小动物的投票人数，而小郭没有写。写出人数方便汇报，说的时候就不用再数一遍了。

生2：小郭用竖线表示投票的人数，而麒麒用不同的图形表示投票的人数，但是他们画的图形都是一一对应的，这样更方便对比和观察。

生3：他们最终的调查结果是一样的。

**师：** 你们的分析真到位！虽然他们使用了不同的符号来记录，但这并不影响调查结果。

5.分析后填写导学单任务一。

**师：** 根据二（2）班两位同学的调查结果，在导学单任务一中填写一下，看看二（2）班最终选择了哪种小动物作为吉祥物？

学生操作并汇报。

**生：** 二（2）班喜欢小兔的有8人，喜欢小猴的有6人，喜欢金鱼的有11人，喜欢熊猫的有13人，最终选择熊猫作为他们班的吉祥物。

6.在导学单任务二中记录本班调查结果，分析结果并填空。

**师：** 我们一起分析了二（2）班的调查结果，现在来看看我们班的调查情况，哪种小动物会是我们班的吉祥物呢？我来读票，请你在导学单任务二中记录。

教师学生共同操作。

师：记录完后需要做什么？

生：检查总人数是否正确。

师：是的，要确保不重复、不遗漏。（指着板书说）

展示学生的记录作品。

生：今天我们班有2人请假，出勤的同学中喜欢小兔的有10人，喜欢小猴的有4人，喜欢金鱼的有5人，喜欢熊猫的有18人，因此熊猫被选为我们班的吉祥物。

师：看来孩子们都非常喜欢我们中国特有的国宝——大熊猫呢。

**环节三　运用模型**

牛刀小试：北师大版小学数学二年级下册第87页"练一练"第1题。

师：刚刚我们通过举手和投票的方法评选了六一庆祝活动的吉祥物，并详细了解了二（2）班小郭和麒麒两位同学的调查记录方法。通过对调查数据的分类、整理、记录、分析，最终确定了熊猫作为我们两个班级的吉祥物。接下来，我们来看看妙想班上同学们最喜欢的六一节目吧。你准备怎么调查呢？

生：还是可以用举手和投票的方法，但我更想用投票，因为举手容易出错。

师：你能看懂妙想的调查记录吗？

生1：相声后面的叉表示喜欢相声的人，1个叉代表1个人喜欢相声，一共有9个叉，这就代表9个人喜欢相声这个节目。

生2：魔术后面的圆表示喜欢魔术的人，1个圆代表1个人喜欢魔术，一共有8个圆，这就代表8个人喜欢魔术这个节目。

生3：杂技后面的勾表示喜欢杂技的人，1个勾代表1个人喜欢杂技，一共有6个勾，这就代表6个人喜欢杂技这个节目。

生4：歌舞后面的三角形表示喜欢歌舞的人，1个三角形代表1个人喜欢歌舞，一共有7个三角形，这就代表7个人喜欢歌舞这个节目。

师：孩子们理解得真好！你能根据妙想的调查记录填空吗？

学生填一填并汇报情况。

生：9+8+6+7=30，妙想调查了30名同学，喜欢相声的最多，喜欢杂技的最少。

师：你们不仅能看懂妙想的调查记录，还能根据她的记录填空，真的太棒了！

**环节四　回顾反思**

师：通过今天的学习，你有什么收获呢？

**环节五　课后测评**

调查、记录自己班级中六一最喜欢的节目情况，并做出简单的结果分析。

2. 关于本案例的评价量表如表6-3所示。

表6-3 "教—学—评"一致性评价量表

| 评价目标 | 评价任务 | 评价标准 |
|---|---|---|
| 在具体情境中了解举手和投票的调查方法，分析调查方法的优缺点 | 课堂上关注学生能否对比调查方法的优缺点；能否选择合适的调查方法进行调查 | (1) 不了解举手和投票的调查方法。<br>(2) 了解举手和投票的调查方法并能对比优缺点 |
| 能观察、看懂他人的调查记录方法，并能选择合适的记录方法进行调查记录 | 关注学生是否能理解他人的记录方式；能否选择合适的记录方法进行调查记录 | (1) 学生看不懂他人的调查记录方法，也说不清楚调查记录结果，自己也不会用合适的记录方法进行调查记录。<br>(2) 学生能看懂他人的调查记录方法，能准确说出其表达的含义，并能选择合适的记录方法进行调查记录 |

## 【典型案例B】数据表达与分析

## 一、单元内容解读

本单元重点在于培养学生的数据分析能力，以及锻炼学生的口头和书面表达能力。通过认识、理解、掌握和应用条形统计图、折线统计图以及扇形统计图，学生将在现实情境中体验数据的收集、整理、呈现和分析的全过程。学生将学会如何用统计图直观而有效地表示数据，并理解平均数的概念。教学重点在于不同统计图的结构特点及其基础上的简单数据分析，难点在于选择合适的数据描述方法并进行合理分析。我们的教材将通过实例引导，培养学生的统计意识，并通过控制教学难度，促进学生对条形统计图、折线统计图和扇形统计图的深入理解。具体内容框架如图6-3所示。

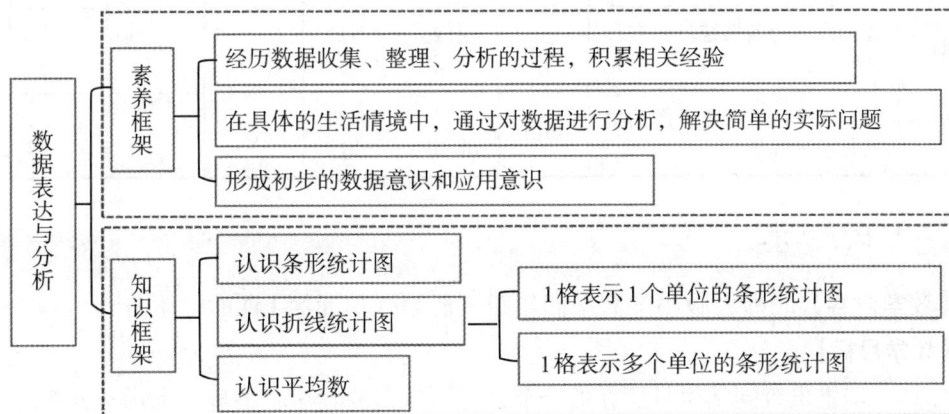

图6-3 数据表达与分析的内容框架

## 二、学情分析

四年级的学生思维活跃，具备一定的探究能力和合作意识。在第一学段，学生经历了统计的全过程，统计方法从具象到抽象，从而对后续学习条形统计图有了初步的感受和体验。在一年级上册"整理房间"和"一起来分类"中，学生已经对物体、图形或数据进行了分类，初步了解了分类与分类标准的关系，形成了初步的数据意识。在二年级下册"评选吉祥物"和"最喜欢的水果"中，学生积累了收集和整理数据的活动经验，了解了简单的收集数据的方法，并能对数据进行简单的整理和分析。在三年级下册"小小鞋店"和"快乐成长"中，学生再次经历了简单的数据收集、整理、表示及分析的过程。因此，本次主题活动结合学生实际，创设贴近生活的情景，以激发学生的学习兴趣，帮助他们认识条形统计图，并学会用条形统计图合理表示和分析数据，为后续学习做好准备。

## 三、重点课例设计——生日

### （一）课时前测自评（表6-4）

表6-4　课时前测自评表

| 课时名称 | 前测内容 | 程度 | | | 学生反馈情况 | 统计情况/人 | 前测人数/人 |
| --- | --- | --- | --- | --- | --- | --- | --- |
| | | a | b | c | | | |
| 生日 | （1）什么是条形统计图？ | 知道 | 不太确定 | 不知道 | b | 28 | 49 |
| | （2）你认为条形统计图有什么作用？ | 知道 | 不太确定 | 不知道 | a | 10 | |
| | （3）你觉得条形统计图的构成要素有哪些？ | 知道 | 不太确定 | 不知道 | c | 9 | |

### （二）教学实录

【教学内容】北师大版小学数学四年级下册第六单元第1课时"生日"。

【教学目标】

1.结合调查班级同学生日所在的季节，经历数据的收集、整理、表示与分析的过程，积累统计活动的经验。

2. 认识条形统计图，理解一格表示一个单位的条形统计图，能够根据统计图回答简单的问题。体会统计在生活中的应用，感受条形统计图的直观和形象。

【教学重点】认识条形统计图，分析条形统计图所蕴含的数学信息。

【教学难点】经历数据调查、整理、表示与分析的过程，积累统计活动的经验。

【教学准备】课件、导学单、小组统计表等。

【教学过程】

环节一 谈话导入

**师：**孩子们，每天都有新生命的诞生，我们把出生的那一天叫什么呢?

**生：**生日。

**师：**我们每个人都会过生日，那么在生日中会涉及哪些数学知识呢? 今天我们就一起走进"生日"。

环节二 探究新知

1. 划分季节。

**师：**现在是5月，这是哪个季节呢?

预设一：

**生：**是春季。

**师：**对，我们约定每年的3、4、5月是春季，6、7、8月是夏季，9、10、11月是秋季，12、1、2月是冬季。

预设二：

**生：**是夏季。

**师：**虽然这段时间很热，但实际上5月是春季。我们约定每年的3、4、5月是春季，6、7、8月是夏季，9、10、11月是秋季，12、1、2月是冬季。

**师：**请同学们一起读一读。（学生齐读）

**师：**我想采访一下大家，你的生日是几月，属于哪个季节呢?

学生发言。（3～5人）

2. 认识条形统计图并分析。

**师：**孩子们，我们班哪个季节过生日的同学最多?

学生开展猜测。

**师：**刚刚同学们都是在猜测。要知道哪个季节过生日的人最多，我们需要依靠真实可靠的数据。接下来，请各组以组为单位，由组长负责（用自己喜欢的方式）调查组内同学的生日季节，并将每个季节过生日的人数填在表格中。3分钟后全班进行汇总。

学生快速统计，教师巡视指导。

组长汇报。

**师：** 现在能解决刚刚的问题了吗？我们班哪个季节过生日的人数最多？

**生：** 能，$x$ 季节过生日的人数最多。

展示淘气画的条形统计图。（只有条形，没有刻度和数值）

**师：** 淘气也在他们班做了这项调查，他把结果画出来了，你们能看懂吗？从图中你知道了哪些信息？

**生：** 冬季过生日的人数最多，春季过生日的人数最少。

**师：** 你是怎么知道的？

**生：** 代表冬季的那条最长，代表春季的那条最短。

**师：** 左边的竖轴上标注了春、夏、秋、冬这些季节。只要比较代表春、夏、秋、冬的条形的长短，就能知道哪个季节最多，哪个季节最少。这个图很形象啊。

（出现格子）

**师：** 现在我们能知道什么？

**生：** 春季有 7 人、夏季有 10 人、秋季有 8 人、冬季有 13 人。

**师：** 你是怎么知道的？

**生：** 数格子。春季有 7 格就说明有 7 人，夏季有 10 格就说明有 10 人，秋季有 8 格就说明有 8 人，冬季有 13 格就说明有 13 人。

**师：** 你是用 1 个格子代表 1 个人来确定的。这里没有数据，那如果 1 个格子代表 2 人呢？

**生：** 春季有 14 人、夏季有 20 人、秋季有 16 人、冬季有 26 人。

**师：** 如果 1 个格子代表的是 3 人呢？

**生：** 春季有 21 人、夏季有 30 人、秋季有 24 人、冬季有 39 人。

**师：** 也就是说，我们要先确定好 1 个格子代表几人，才能知道每个季节的具体人数。

（出示横轴数字）

**师：** 现在横轴有数字了，看看淘气是用 1 个格子代表几人？

**生：** 1 个格子代表 1 人。

**师：** 横轴的数字代表人数。有了这些数字，我们就能一眼看出每个季节的具体人数了。这个图很直观。淘气画的这个图就是我们这节课要认识的条形统计图。

（板书：条形统计图）

**师：** 请同学们根据之前收集的每个季节过生日的人数，完成导学单上的活动一，像淘气一样画一个条形统计图。

**师：**我们在画之前要注意些什么呢？

**生：**确定1个格子代表几人，横轴和纵轴表示什么。

**师：**好的，我们用1格代表1人来画，开始行动。

学生操作，教师巡视指导。

展示交流。

**师：**对比你们画出的条形统计图和之前调查的表格，你有什么感受吗？

**生：**条形统计图更直观、形象。

**师：**这就是条形统计图的优点。

环节三 学习测评

学生起身站成队列，由每列第一个同学统计本列人数并汇报数据。

**师：**请根据这组数据完成导学单上的活动三。

**生：**老师，格子不够用。

**师：**数一数，每个季节给出了多少格子？

**生：**20个。

3. 调查班级同学最喜欢的电视节目。

**师：**老师还想了解你们最喜欢的电视节目是什么，是少儿类、动漫类、体育类，还是电影类？如果没有你最喜欢的，请选择一个比较喜欢的。请喜欢同一类电视节目的同学站成一列。

**师：**如果1个格子代表1人，但格子不够用怎么办？谁来想想办法？

**生：**可以让1个格子代表几个人。

**师：**那1个格子代表几个人合适呢？在小组内讨论一下。

**生：**1个格子代表2人最合适，如果代表3人或3人以上，则可能会出现1格只画一点点的情况，不好操作。

**师：**好，那就用你们小组的方法，大家用1个格子代表2人。

学生操作，教师巡视指导。

学生展示并汇报。

**师：**从图上还能知道什么？

学生说出他们的发现。

4. 淘气调查班级同学最喜欢的图书情况。

**师：**淘气调查了他们班同学最喜欢的图书情况，并给了我们这组数据，希望你们能帮他画出条形统计图。

（展示不完整条形统计图）

师：仔细观察，这个条形统计图和之前画的有什么不同之处吗？

生1：人数和书目交换了位置。

生2：之前的条形是横着的，这个要竖着画。

师：你们观察得很仔细。现在请同学们完成导学单上的活动三，每个图形代表1人哦。

学生操作，教师巡视指导。

学生展示汇报。

师：从图上还能知道什么信息呢？

学生发表发现。

师：如果让你帮助淘气班级买书，你会怎么做呢？

学生分享想法。

师：你们的想法真好，真是帮了淘气的大忙。

**环节四　回顾反思**

师：今天学习了这一课，你们有什么感受或有什么想说的吗？

学生畅谈收获。

**环节五　课后测评**

1. 记录你家连续6个月的用电情况，制作统计表，根据统计表绘制条形统计图，根据统计图表对你家用电量作出分析。

2. 关于本案例的评价量表如表6-5所示。

表6-5 "教—学—评"一致性评价量表

| 评价目标 | 评价任务 | 评价标准 |
|---|---|---|
| 知道季节的划分规定 | 课堂上关注学生能否明白季节划分的规定 | （1）学生不能正确划分每年的季节。（2）学生知道每年的三、四、五月是春季，六、七、八月是夏季，九、十、十一月是秋季，十二、一、二月是冬季 |
| 借助格子图认识条形统计图，理解一格表示一个单位的条形统计图 | 关注学生是否认识条形统计图；能否理解一格表示一个单位的条形统计图 | （1）学生不能认识条形统计图，不理解一格表示一个单位的条形统计图。（2）学生能认识条形统计图，充分理解一格表示一个单位的条形统计图 |
| 能根据统计图分析简单的实际问题 | 关注学生能否根据统计图表分析统计结果 | （1）学生不能根据条形统计图分析并回答简单的实际问题。（2）学生能根据条形统计图分析并回答简单的实际问题 |

## → 【典型案例C】扇形统计图 ←

### 一、单元内容解读

扇形统计图的内容框架如图6-4所列。

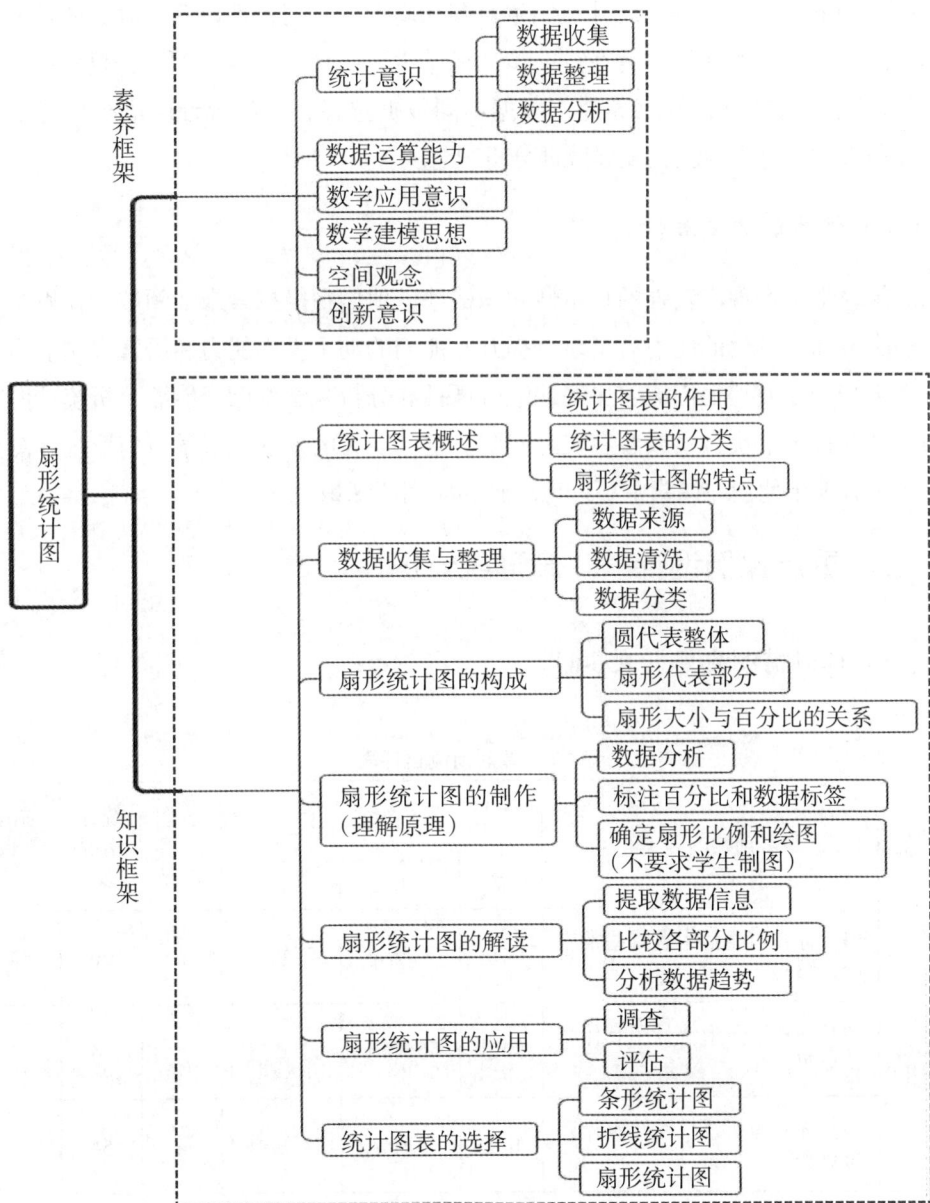

图6-4　扇形统计图内容框架

## 二、学情分析

### （一）学生已有的统计知识

学生在学习扇形统计图之前，已经掌握了基础的统计概念和技能。他们学习了数据的收集与整理方法，理解了统计表的制作，熟悉了单式和复式条形统计图以及折线统计图的绘制和解读。此外，学生对圆和扇形的几何特性以及百分数的意义有了初步的认识。本单元教学旨在进一步加深学生对统计图特点的理解，教授他们扇形统计图的结构特点，并培养他们根据不同数据选择合适的统计图进行描述的能力，以积累数据分析经验，发展数据分析观念。

### （二）学生能力发展情况

六年级学生表现出较强的自主性和积极性，他们积极探索未知领域。在思维和问题解决方面，学生的能力有了显著提升。他们的动手操作能力和语言表达能力也在不断进步，这使得他们能够更好地进行概括和分析。学生已经能够分析统计图中的信息，并提出解决方案或解答实际问题。这些能力的发展对于学习扇形统计图至关重要，有助于他们在课堂上更好地理解和应用新知识。

## 三、重点课例设计——扇形统计图

### （一）课时前测自评（表6-6）

表6-6　课时前测自评表

| 课时名称 | 前测内容 | 程度 | | | 学生反馈情况 | 统计情况/人 | 前测人数/人 |
| --- | --- | --- | --- | --- | --- | --- | --- |
| | | a | b | c | | | |
| 扇形统计图 | （1）你知道生活中有哪些常用统计图吗？ | 知道 | 不确定 | 不知道 | b | 20 | 54 |
| | （2）你知道条形统计图有什么特点吗？ | 知道 | 不确定 | 不知道 | a | 54 | |
| | （3）你知道折线统计图有什么特点吗？ | 知道 | 不确定 | 不知道 | a | 54 | |

续表

| 课时名称 | 前测内容 | 程度 | | | 学生反馈情况 | 统计情况/人 | 前测人数/人 |
|---|---|---|---|---|---|---|---|
| | | a | b | c | | | |
| 扇形统计图 | （4）你能根据苹果1个、香蕉2个、橙子3个，总水果数量6个这些数据，知道每类水果的占比吗？ | 知道 | 不确定 | 不知道 | a | 54 | 54 |
| | （5）你知道如何收集班级同学最喜欢的运动类型的数据吗？ | 知道 | 不确定 | 不知道 | a | 54 | |
| | （6）你知道什么是扇形统计图吗？ | 知道 | 不确定 | 不知道 | c | 30 | |
| | （7）你知道扇形图中的每个扇区代表什么，并由几部分组成吗？ | 知道 | 不确定 | 不知道 | c | 35 | |

## （二）教学实录

【教学内容】苏教版小学数学六年级下册第一单元第1课时"扇形图统计"。

【教学目标】

1.通过实际案例直观学习扇形统计图，掌握其结构特征；能够利用百分数知识对扇形图中的信息进行基础分析，并解答相关问题。

2.在学习扇形统计图的过程中，实践使用数据进行信息描述、判断和问题解决，逐步培养数据分析的基本概念。

3.深入认识统计学在日常生活中的广泛应用，感受数学知识与现实生活的紧密结合，并增强将数学应用于实际的意识。

【教学重点】通过观察、比较和计算来深入理解扇形统计图的意义及其组成部分，重点解决真实的数学问题，能够使用百分数来解释图中的信息。

【教学难点】理解扇形统计图与百分比之间的联系，学会根据实际数据确定合适的扇形比例，并能用本节课学到的方法解决现实问题。

【教学准备】课件、学习单、自制圆形工具、相同半径的扇形纸片、即时贴等教学辅助材料。

【教学过程】

环节一  谈话导入

师：中国地域辽阔，陆地总面积约为960万平方千米，地质形态丰富多样。你们知道中国陆地的地形大致可以分为几种类型吗？各种地形的面积分别占陆地总面积的百分之多少呢？

生1：我国地形有山地和平原。

生2：还有高原、盆地和丘陵。

生3：我国地形大致分为山地、高原、盆地、平原和丘陵五种类型。

师：你们怎么总结得这么全面又准确呢？

生4：之前读了《写给孩子们的地理》，里面有地形介绍。

生5：出去旅游时，看到四川西部有高山，我们生活在成都平原，周边橘子长在山地上，所以知道这些地形。

生6：现场搜集信息，从学习材料上看到的。

师：你们真善于观察和总结。把你们刚才说的信息，用这种形式表示出来的统计图叫作扇形统计图。今天这节课我们就来认识扇形统计图。（板书课题：扇形统计图）

**环节二　温故而知新**

1. 观察感悟，显性的形与隐形的义相互关联。

师：从这幅扇形统计图中，你能获取哪些数学信息？

我国陆地各种地形分布情况统计图
2012年12月

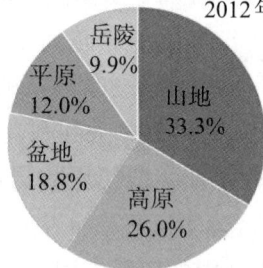

生7：有圆和扇形。

生8：有数字，是百分数。

生9：还有标签和标题。

生10：有制图的时间，每个扇形表示的意义不同，与整圆有联系。

生11：一个扇形表示一种地形面积，即部分量；一个大圆表示陆地总面积，即总量。

生12：扇形和圆具有相同的圆心和半径；所有扇形的圆心角之和是360°。

生13：这里的百分数既可以表示扇形的面积占比，也可以表示地形面积占比。

生14：像这样将扇形、圆和百分数关联起来表示的图表就是扇形统计图。

小结：扇形统计图是一种以圆形为基础，通过扇形的大小来表示数据占比的图表。

2. 观察比较，理解分析中感知结构特点。

师：你能结合地形面积的情境，说一说这幅扇形统计图表示的具体意义吗？先

进行小组合作，交流意见，形成一致性的意见后再汇报。

小组汇报：

组1：在这幅扇形统计图中，数据是用百分数来表示的。每个扇形表示一种地形的面积占我国陆地总面积的百分比。

组2：整个圆的面积表示我国陆地总面积，可以用"单位1"或者"100%"来表示。

师：这幅扇形统计图是怎样表示数据的？它有什么特点？

我国陆地各种地形分布情况统计图
2012年12月

岳陵 9.9%
平原 12.0%
盆地 18.8%
山地 33.3%
高原 26.0%

组3：粉红色的扇形表示山地，它占陆地总面积的33.3%；淡紫色的扇形表示高原，占陆地总面积的26.0%；淡黄色的扇形表示盆地，占陆地总面积的18.8%；橙黄色的扇形表示平原，占陆地总面积的12.0%；草绿色的扇形表示丘陵，占陆地总面积的9.9%。我们还发现：33.3%+26.0%+18.8%+12.0%+9.9%=100%。

师：怎样根据扇形统计图判断哪种地形的面积最大，哪种地形的面积最小？

组4：可以直观判断，用眼睛直接观察扇形的大小，或者通过圆心相同、半径相同的特点，比较圆心角的大小。圆心角开口大的扇形所占的百分比就大，它所代表的地形的实际面积也大；圆心角开口小的扇形所占的百分比就小，表示的这种地形的实际面积也小。

组5：通过数据判断，百分数对应的"单位1"相同，通过比较百分数大小33.3%>26.0%>18.8%>12.0%>9.9%，可以知道百分数大的扇形面积大，则对应的实际地形面积也大。

师：我们再次观察，扇形统计图可以清楚地表示谁和谁之间的关系？

生：扇形统计图可以清楚地表示出各部分数量与总数量之间的关系。

3. 强化理解，在计算中验证数据表示的一致性。

师：既然同学们已经分析得如此透彻了，那我们具体算一算吧。用计算器算出每种地形的面积，并填入下表。

| 地形 | 山地 | 丘陵 | 平原 | 盆地 | 高原 |
|------|------|------|------|------|------|
| 面积/万平方千米 | | | | | |

师：在计算之前，我们需要明确什么？

生：需要找到相对应的数量关系式。

生：每种地形的面积÷总面积×100%=每种地形面积占总面积的百分比；每种地形的面积=总面积×相对应的百分比；每种地形的面积÷相对应的百分比=总面积。

师：那么你们的计算结果是？

生：根据刚才同学所说的关系式，单位表格已经给出，直接用计算器计算即可。结果如下：

山地：960×33.3%=319.68　　高原：960×26.0%=249.6

盆地：960×18.8%=180.48　　平原：960×12.0%=115.2

丘陵：960×9.9%=95.04

师：那么你们的计算结果都一样吗？

生：我们的数字是一样的，但是我发现我们组在后面多了一个"万"字。

师：其他组有想说的吗？可以帮助订正计算中容易出错的小细节。

师：请大家比较一下，扇形统计图中的数据与统计表中的数据是否一致？有什么不同？扇形统计图表示出的各种地形面积的大小和我们刚刚实际算出的结果一致吗？

生：扇形统计图表示的数据是百分比，而统计表中是具体的面积数量，是小数。一个表示占比大小，一个表示具体大小，结果一致。

生：两者表示的结果一致。因为扇形面积用百分比进行大小比较，顺序是33.3%>26.0%>18.8%>12.0%>9.9%。各地形具体面积的比较是：319.68万平方千米>249.6万平方千米>180.48万平方千米>115.2万平方千米>95.04万平方千米。

生：无论是百分比还是后面计算得出的小数，都是山地面积>高原面积>盆地面积>平原面积>丘陵面积。因此，扇形统计图表示的各种地形的面积大小与计算结果一致。

### 环节三　切问而近思

1.同构联系，巩固关联意义。

师：观察这两幅统计图，分别表示什么？从统计图中能获得哪些信息？

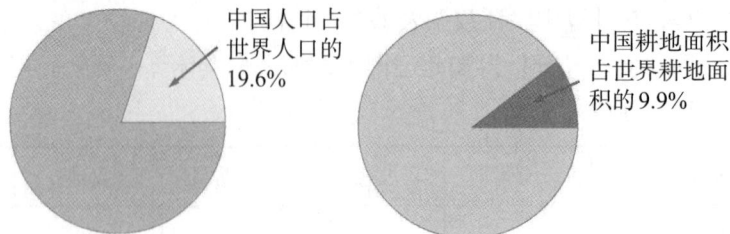

中国人口占世界人口的19.6%

中国耕地面积占世界耕地面积的9.9%

生：有两个扇形统计图。左图显示我国人口总数量占世界人口总数量的百分比；右图显示我国耕地面积占世界耕地面积的百分比。

生：左侧图中的整个圆表示世界各国的总人口，较小的扇形表示我国人口占世界总人口的百分比；右侧的统计图中，整个圆表示世界耕地的总面积，较小的扇形表示我国耕地面积占世界耕地总面积的百分比。

师：这两图表所表示的数据有关联吗？如果有，你能想到什么？

生：不确定，我觉得它们是独立存在的。

生：有联系。耕地关系到我们的粮食生产和居住空间。通过比较两图，我发现我国人口众多，而耕地资源相对缺乏。能够用占世界总量9.9%的耕地解决占世界人口总数19.6%的人口的粮食问题，是一件很不容易的事情，让我想起了杂交水稻之父——袁隆平爷爷的伟大。我们的粮食可能不足，还需要进口，所以我们要珍惜粮食，勤俭节约。

2. 学贵致用，提升运用能力。

师：小华家两天消费的各类食物所占百分比如下图。他家这两天的食物搭配各有什么特点？你认为哪一天的搭配更合理一些？

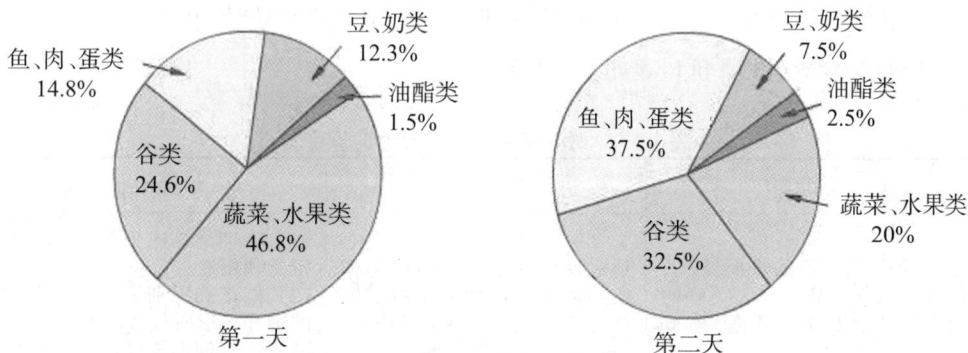

第一天　　第二天

生：通过观察图表可以看出，左边统计图中蔬菜、水果类和豆、奶类所占的百分比都比右边统计图中的大；而鱼、肉、蛋类、谷类及油脂类所占的百分比都比右边统计图中的小。可以看出，第一天的食物搭配比较合理。

师：右边是萌萌摆的一个干果拼盘。已知花生米大约占果盘的20%，你能估计其他几种干果大约各占百分之几吗？请重点说明你是如何进行估计的。[1]

生：这个拼盘分成了四格，分别由花生米、红枣、葡萄干、开心果四种干果组成。

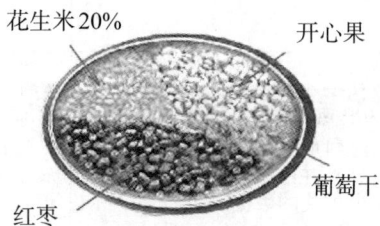

---

① 《小学数学备课手册》编写组. 小学教学备课手册. 六年级. 下册[M]. 南京：江苏凤凰教育出版社，2014：79.

根据花生米占总盘的20%这一数据，可以推测旁边的开心果大约占30%。我们可以想象一条水平线把拼盘分为上下两部分，上下各占50%，所以50%-20%=30%。接下来，估计红枣的扇形面积大约是花生米的两倍，因此占20%×2=40%。葡萄干大约占10%，因为下半部分总共占50%，所以50%-40%=10%。

师：我国四大海域的总面积大约有473万平方千米[①]。你能根据这里的扇形统计图算出各海域的面积分别是多少万平方千米吗？请先用计算器进行计算，然后将结果填入统计表中。（出示中国海域地图，并直接对计算结果进行核对）

**环节四　回顾反思**

师：通过今天的学习与交流，你们有什么收获？

学生畅谈收获。可以是收集信息、整理观点，或是形成综合性的认识。

**环节五　课后测评**

1. 为什么扇形统计图不叫面积统计图？

2. 既然根据形状和意义命名为扇形统计图，为什么不用长方形的形状呢？它们的意义可以一样吗？

3. 既然五年级有了复式条形统计图，那有没有复式扇形统计图？

4. 关于本案例的评价量表如表6-7所示。

表6-7　"教—学—评"一致性评价量表

| 评价目标 | 评价任务 | 评价标准 |
|---|---|---|
| 评估学生对知识的掌握情况，能够从形状、意义及其关联的角度理解扇形统计图的基本概念 | 通过课堂观察、小组讨论和实践活动，评估学生对扇形统计图的定义、组成部分及特点的总体掌握情况 | （1）能准确描述扇形统计图的定义和用途。（2）能正确识别扇形统计图中的圆和扇形所代表的意义。（3）能从扇形统计图中提取数据并进行基本分析 |
| 评估学生对知识和技能的应用能力。能够根据已有数据分析和解释扇形统计图，并推导出数据中隐含的信息 | 通过测试题或作业来检验学生对扇形统计图的理解和应用能力；评估学生对扇形统计图的分析是否合乎逻辑，以及他们是否能够合理解释数据 | （1）解读扇形统计图时的数学运算能力。（2）能够运用扇形统计图解决实际问题。（3）分析扇形统计图时具备逻辑推理能力 |
| 评估学生的沟通与表达能力。学生能够用自己的语言清晰地阐述扇形统计图所展示的综合信息，并能够根据数量关系计算出相关的数据 | 关于扇形统计图的学习，可以通过口头报告、书面报告，以及计算过程和结果的展示来进行。这种学习活动可以以个人或小组的形式进行 | （1）能够评估扇形统计图的有效性和局限性。（2）拥有讨论和解释扇形统计图的口头表达能力。（3）具备在书面作业中解释扇形统计图的能力 |

---

① 中国四大海域地形及平均水深比较图. 地理公社编制，2023：102.

| 评价目标 | 评价任务 | 评价标准 |
|---|---|---|
| 评估学生在课堂中的参与度和学习态度。他们是否认真听讲？是否积极举手发言？是否参与小组合作学习等 | 评估学生的自我展现认同、团队合作能力、综合适应能力和自我表现力 | （1）在课堂上的参与度和积极性。<br>（2）在学习扇形统计图过程中的态度 |
| 评估学生的自我反思与进步情况。在谈收获和疑问环节，能描述学习过程中遇到的困难、收获和新想法等 | 通过今天的学习，你收获了什么？是否有新的想法？扇形统计图的应用是否有一定的局限？ | （1）自己学习过程的反思能力，还有什么知识点存在疑虑。<br>（2）扇形统计图学习中的进步情况 |

# 第七章

# 综合与实践领域

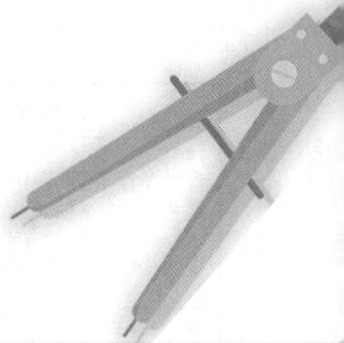

综合与实践领域承载着部分新知识的学习，如"基本的量""方向与位置""负数的认识"等。这些知识在综合与实践领域的呈现，能够更好地引导学生在真实情境中，经历探究过程，将知识的探索融入具体实践活动中，学习理解数学知识，体会知识的意义。综合与实践领域更倾向于综合运用数学知识与方法解决实际问题，体会数学知识的价值；感悟数学与其他学科知识的关联，凸显跨学科实践的性质；帮助学生积累活动经验，发展学生的模型意识、应用意识、创新意识等。

## 第一节　综合与实践领域内容分析

数学新课标在小学阶段分为三个学段，推荐了13个主题活动和2个项目式学习。主题式学习即依据学生已有的经验和基础知识，设计出完整可行的活动方案，明确所需掌握的数学知识与技能，提出相应的学习任务，明确学习活动的形式，以及学习成果的形式和要求。[①]这类学习将知识内容融入主题活动中，主要集中在第一、二、三学段。项目式学习所涉及的问题主要是现实世界中具有开放性的问题，旨在引导学生将现实问题转化为数学问题，提出合理的假设，建立数学模型以解决问题，并形成具体的成果，如小论文等。这类学习在小学阶段主要集中在第三学段。

---

① 曹一鸣. 新版课程标准解析与教学指导. 小学数学[M]. 北京：北京师范大学出版社，2022：8.

## 一、综合与实践领域内容概述

数学新课标阐述了综合与实践领域的结构特征，结合具体的学习任务，在各学段提出了对应的内容要求、学业要求和教学提示，使得各个主题的"教—学—评"达到一致性。

第一学段：认识货币单位元、角、分，时间单位时、分、秒，四个方向东、南、西、北等。关注幼小衔接，丰富学生对量的体验，形成初步的量感和空间观念，帮助学生积累数学活动经验。推荐主题学习活动包括："数学游戏分享""欢乐购物街""时间在哪里""我的教室""身体上的尺子""数学连环画"。

第二学段：认识年、月、日，常用的质量单位，以及八个方向等。了解我国古代与量有关的概念起源，培养家国情怀。在活动中综合运用数学知识和其他学科知识解决问题，体会数学的价值，提升应用意识。推荐主题学习活动包括："年月日的秘密""曹冲称象的故事""寻找宝藏""度量衡的故事"。

第三学段：了解负数等知识，引导学生在活动中提出有价值的数学问题，经历解决问题策略和方法的探究，结合现实对数学结论进行合理解释，综合运用数学及其他学科知识解决问题，提高创新意识和应用意识。推荐主题学习活动包括："如何表达具有相反意义的量""校园平面图""体育中的数学"。推荐项目学习："营养午餐""水是生命之源"。①

## 二、综合与实践的本质理解

综合与实践是小学数学四大领域之一，是核心素养培养的重要载体。主要通过跨学科主题学习的形式开展，注重在真实情境中解决实际问题，可谓是"在做中学习知识，在用中积累经验"。

### （一）指向素养立意

"综合与实践"不仅旨在培养学生的数学素养，同时还要培养学生的跨学科素养。跨学科学习以学科为基础，关联学科素养体系，促进学生跨学科能力的发展，包括学习能力、应用意识，以及实践与研究的能力等。综合与实践领域通过主题式学习和项目式学习，引导学生在真实情境中综合运用数学及其他学科知识解决问题，调动学生的基本活动经验，建构数学知识，提升数学技能，体会数学思想和方法。

---

① 中华人民共和国教育部. 义务教育数学课程标准（2022年版）[M]. 北京：北京师范大学出版社，2022.

## （二）凸显联结与融合

"综合与实践"立足于数学学科，充分挖掘主题中的"跨学科要素"，进行整体规划和综合育人，凸显联结与融合。所谓跨学科融合，是指在数学学科内部不同领域的知识之间建立联系，同时准确把握不同学科之间知识的联结点，将不同学科的知识有效融合，以解决现实生活中的问题。在这个过程中，根据学生的学习特点，以有利于学生接受的方式，构建学科连接点。[①]其次是跨学科技能实践，通过实践学习知识、积累经验，将静态知识转化为动态体验，将"事实本位"的知识观转变为自主建构的理解本位观。在综合与实践领域的教学过程中，涉及查阅资料、动手制作、图形绘制、美术建模、科学实验等活动，这些都属于跨学科技能实践。

## （三）聚焦问题解决

"综合与实践"主题学习本质上是一种解决问题的活动。通过主题活动或项目学习，帮助学生经历发现问题、分析和解决问题的过程，培养学生的核心素养。主题式学习和项目式学习各有所侧重：主题式学习注重对数学概念和知识的深度学习，以及跨学科知识的综合运用；而项目式学习则强调跨学科认知结构的重组与完善。

在第一学段的主题活动中，引导学生在解决问题中体验数量的概念，初步积累活动经验。在第二学段的主题活动中，引导学生用所学知识解决应用性的数学问题，提升应用意识。在第三学段的主题活动和项目式学习中，既向学科内延伸，又向学科外扩展，综合运用多学科知识解决基于现实且富有挑战性的问题。

# 三、综合与实践领域的实施建议

## （一）制定凸显素养导向的主题目标——为什么这样教（学）

在核心素养统领下的课程改革中，课程目标充分体现了核心素养的要求。数学新课标总目标以核心素养为统领，贯穿于"四基""四能"和"情意"这几个方面，构成了三位一体的核心素养课程目标体系。教师应树立立德树人、发展学生核心素养的教育理念，稳步推进综合与实践领域的教学。数学新课标针对综合与实践领域的目标表述内隐于总目标中，并在各学段目标中有更为具体的阐述，采用"内

---

① 张楠，申仁洪，夏莲莲，等. 指向核心素养培养的数学综合与实践领域教师胜任力探究[J]. 数学教育学报，2022，31（5）：29-35.

容+素养表现"的结构模式，说明相应学习内容与核心素养具体表现的培养目标。例如，在第一学段的目标中提到：在主题活动中认识货币单位、时间单位和基本方向，尝试用数学方法解决问题，积累数学活动经验，形成初步的量感和应用意识。通过目标表述可以分析出，知识如货币、时间单位和基本方向与量感、应用意识的有机结合。核心素养导向的目标体系在"内容+素养表现"的结构模式中得到了充分体现。

### （二）设计注重真实情境的主题式学习——教（学）什么

综合与实践领域的课程内容按照"内容要求""学业要求""教学提示"三个方面呈现，具体描述了学习的内容和具体要求，并明确了所要达到的核心素养。综合与实践领域的学习方式分为主题式学习和项目式学习两种类型。无论选择哪种类型的学习，都应在具体情境中解决问题。要从生活中来，到生活中去，关注数学与生活的密切联系，充分利用学生已有的生活经验，在具体的体验操作和探究活动中开展主题式学习。

第一学段，围绕学生喜欢的游戏和绘本等设计活动，使学生体会数学与生活的密切联系，帮助他们加深对数学知识的理解。第二、三学段，围绕数学知识，结合其他学科知识的实际情境和真实问题，设计不同层次的活动。"我的教室"一课，基于学校的实际场景，引导学生描述物体的相对位置，感受数学与生活的紧密联系。根据学生已有的知识经验，认识和辨别东、南、西、北四个方向，发展学生的空间观念。在实践中探索，综合运用方向与位置知识解决实际问题，形成初步的推理能力和应用意识。

### （三）实施突出问题解决的教学过程——如何教（学）

数学新课标特别强调"进一步加强综合与实践"，并明确了"综合与实践"的内容要求、学业要求以及教学提示，为教学实施提供了良好的指引。教学提示从教学目标的制定、教学活动的设计与实施、教学评价等方面入手，引导教师进行主题活动的整体设计。

1.选择真实且贴切的问题情境。在"欢乐购物街"的学习中，设计爱心义卖的具体情境。让每位学生参与，经历认识人民币的过程，在具体操作中进行单位换算，通过一个个真实的问题情境，促进学生金融素养的初步形成。

2.制定明确且开放的活动任务，明确目标、形式和时长。在"体育中的数学"

足球DIY环节中，明确制作要求：根据白面和黑面的个数及排列规律，以四人小组为单位进行足球制作，时间限定为10分钟。

3. 实施完整有序的活动过程。教师在学生制作足球的过程中适时给予指导与帮助，助力学生体验整个活动过程，实现学以致用、学有所得。通过综合与实践领域，设计真实且贴切的问题情境，制定明确开放的活动任务，实施完整有序的活动过程，以多元评价贯穿始终，从而培养学生的模型意识、应用意识和推理意识。

### （四）强化过程的多元学业评价——教学效果如何

素养导向的义务教育评价体系要求我们深入理解现有考试评价背后的教育理念和学业质量观，建立以素养为导向的评价理念。在学业质量标准的描述中，按照不同学段给出了综合与实践领域的学业质量标准，每个学段都结合了具体的主题。我们需要构建以课程内容、核心素养、问题情境、学生完成水平等方面为核心的素养导向评价体系。在第一学段中，重点关注过程性评价。第二、第三学段则增加创新性评价，不仅关注内容，还要关注学生的参与度，鼓励学生个体和团体在解决问题时采用有创意的策略和方法，激发热情，形成创新意识。

# 第二节　综合与实践领域"教—学—评"整体设计

综合实践活动课程旨在服务于学生的真实生活和发展需求。其"教—学—评"整体设计包含综合与实践主题教学经验概述、学生学习经验概述、主题活动评价以及单元作业设计四个部分。在目标定位、学习进程、评价反馈等方面体现出高度的一致性，整体设计要求建立在学生丰富的学习体验之上，系统建构知识结构，实现创新意识、模型意识、问题解决能力的素养。

## 一、综合与实践领域教学经验概述

综合与实践是学生积累数学活动经验的重要载体。该板块的内容注重问题解决、强调实践操作、突出综合应用，其开放性学习模式为学生提供了较大的探索空间。在教学中，教师应以生活中的真实问题为素材创设情境，以问题驱动学习，构建有效的动态实践活动。通过创新性的课堂设计，激发学生的学习兴趣与主动性；通过创设实践体验活动，为学生积累综合应用经验；通过有效开展综合实践活动，进一步培养学生运用数学知识分析问题和解决问题的能力。

## （一）聚焦核心素养，确立综合实践主题活动学习目标

综合实践活动目标的确立对于促进学生综合素质的提升和实现立德树人的目标具有重要意义。要推进综合实践主题活动学习的开展，必须与课本内的学习内容做好单元关联，与课本内的学习体系形成有效呼应。只有做好单元核心知识的有机整合，并在此基础上进行适度的拓展，教师在操作主题活动学习的过程中才能具备更高的导向性，而学生在参与主题活动学习的过程中也会更加具有广度。因此，在确立综合实践主题目标体系之前，需要对教材单元进行有机整合，明确该单元领域的"大概念"，在此基础上构建指向核心素养的目标，并以此作为主题活动目标，指导学生自主参与综合实践活动主题的制定，围绕目标进一步设计综合性实践方案，实现实践的价值和意义。

## （二）激活已有经验，设计综合实践主题活动驱动问题

每一种经验的形成和发展都是建立在已有经验的基础之上的。综合实践主题活动的开展主要以学科内容与实际生活的关联作为主线，对学习内容本身和学习过程进行整合。教师要善于创设与学生生活相关的情境，激活学生已有的知识经验，充分利用原有的认知基础和活动经验，引导学生提出问题，经历"猜想—验证—反思"的过程，积累理性思考的经验，将具体的生活经验进行抽象与改造重组。进一步设置相应的实践活动驱动问题，有导向、有方向、有规划地引领学生进行知识的应用、延伸与拓展，为构建新的数学活动经验提供有力支撑。

## （三）引领多次实践，创设综合实践主题活动探索时空

经验的积累是一个逐步试错的过程，教师应为学生提供建构经验、反思经验和深化经验的机会。在激活学生已有经验的基础上，首先，我们应为他们提供一个初步接触并尝试解决问题的机会。在自主探索的过程中，让学生感受到实践活动所带来的挑战性，引导他们在尝试过程中逐步找到经验的生长点。其次，注重首次实践活动后的经验交流与反馈。学生通过初次的自主探索与尝试，获得了一部分解决问题的经验，而这些经验需要在同学之间和师生之间的交流与碰撞中进一步生长和完善。最后，进行经验完善后的再次实践，将经过思维碰撞后产生的经验应用于新的实践中，促进学生在实践中将新的领悟转化为新的经验。

## 二、综合与实践领域学生活动经验概述

在综合与实践主题活动学习中，学生通过主动参与、动手实践、体验与探究问

题的过程，积累了收集和处理信息的活动经验，掌握了获取新知识的方法以及分析与解决问题的策略，并养成了与人交流合作的习惯。

### （一）主题活动设计的经验

在综合实践活动中，学生能够根据自己的兴趣和需求自主设计主题活动方案，并在活动中寻找具有挑战性的数学问题，思考并探索解决问题的策略，体验综合与实践活动所带来的成就感。

### （二）问题解决探索的经验

学生在自主探索过程中不断试错，在努力寻找失败原因的过程中找到经验的生长点。通过实践不断完善活动经验，以更成熟的方式进行思考和探索。

### （三）迁移应用提升的经验

学生的活动经验在多次综合实践与自主探索中累积，通过及时归纳反思，将不同情境中获得的经验及时归纳反思、进行调整和重构知识框架，形成有效的经验，并将其迁移到新的情境中解决新的问题。这些活动经验的累积，深化了对数学方法与思想的再次认知，有利于创新意识、模型意识的形成和问题解决的综合能力的提升。

## 三、综合与实践领域评价方式概述

数学综合实践活动课程的开展，旨在促进对数学知识的深度理解与感悟。这不仅包括对基础知识的掌握，还涵盖对数学思维的探索。因此，对数学综合与实践活动的评价不仅要密切关注学生对学习内容的掌握程度，还需关注学生在实践活动中思维参与的深度和广度。评价应注重多维度、多视角，并重视过程与表现。

### （一）关注教学目标，体现综合评价维度的一致性

围绕实践活动的教学目标，关注评价维度的综合性，以实现教学目标与表现性评价目标的一致性。基于学生对活动背景的了解和对活动中数学知识与原理的掌握，设置知识与观点评价维度；基于学生在活动过程中获得解决问题的能力，设置活动与操作评价维度；基于学生养成乐于合作、善于学习、勇于探究的目标，设置情感与态度评价维度；基于学生在活动过程中具有独到见解并能灵活应用数学规律于其他领域，设置发展与创造评价维度。

通过评价，将素养目标与真实情境中的问题解决建立有意义的联系，使评价成

为学生在操作过程中的思维支架，引领学生的学习方向，推动学生的整个学习过程的进步。

### （二）关注情境问题，助推评价内容创新性

评价问题的创新是综合实践活动内容评价创新的重要部分。在教学实践中，如果仅仅关注实践活动本身，而忽略活动任务中问题的创新设计，就很难在活动中发展学生的创新意识。那么，如何使评价内容更具创新性呢？可以对学生的学习特征进行全面分析，设置多项开放性任务。这样，在特定的综合实践活动中，学生可以独立地设计出富有创意的问题解决策略。这样的设计允许不同学习水平的学生尝试采用差异化的方法来完成这些任务，对评价内容的创新起到有力的助推作用。

### （三）关注解决过程，强化评价任务的针对性

相较于一般的课堂学习过程，综合实践活动提供了更加丰富的活动任务。例如，选择活动材料、设计活动步骤、制定小组合理分工等基础性任务；经历数学活动过程，利用数学知识解决实际问题等实践性任务；迁移活动经验，解决其他情境问题的拓展性任务；总结经验，体会感悟等反思性任务。因此，教师需要更加密切地关注学生在不同任务中的理解过程，并有效地评价学生在不同类型任务中的表现，以有针对性地提升学生的数学知识理解能力、数学逻辑思维能力、数学问题解决能力以及数学表达与沟通能力等。

## 四、综合与实践领域单元作业设计概述

实践活动作业设计是连接数学与现实世界之间的桥梁，它将学科内容与生活整合，促进学生在综合实践与自主探索中深入理解与灵活应用知识，培养他们用数学的眼光看待世界、用数学的思维思考世界、用数学的语言表达世界的综合素养。

### （一）以解决真实问题为导向

综合实践活动作业的设计需要从学生的真实生活和发展需求出发，结合真实生活情境发现问题，并将该问题转化为主题活动的关键问题。通过引导学生进行探究体验、设计思考、实践操作和交流反思等环节，综合运用知识解决现实生活中的问题，以提升社会责任感，激发创新精神和实践能力，从而更好地适应生活。

### （二）以学生原有经验为基础

完成综合实践活动作业需要调动学生原有的知识经验和生活经历。在作业完成

过程中，学生巩固旧知，提升经验。当作业遇到困难时，说明原有经验不足以应对新问题，学生需要进行进一步的思考和探索，尝试新的方法和途径，从而产生新的经验。新旧知识不断融合，实现了在作业中对知识的理解与建构。

### （三）以综合性探究为主要方式

综合实践活动作业强调学生综合运用各学科知识，以认识、分析和解决真实问题。在解决问题的过程中，促进学科与学科、学科与生活之间的整体联结。作业的设计要注重促进学生对知识的深度理解和创造性运用，杜绝作业学科化、挑战性低等问题，聚焦综合性问题解决能力的提升。

综合与实践单元作业设计是一项具有创造性的工作，不仅要考虑学生的原有经验和认知基础，还要创设有意义的真实问题情境，确立关键性问题，并引导学生在解决问题的同时理解和内化知识，从而达到发展核心素养的目的。

## 第三节 综合与实践领域典型案例

### 【典型案例A】欢乐购物街

## 一、整体内容解读

### （一）内容解读

欢乐购物街属于综合与实践领域中融入新知识的主题活动。该主题围绕货币知识及其应用进行设计和实施主题活动。"欢乐购物街"不仅承载着货币知识的学习，更旨在培养学生的综合实践能力、金融素养和问题解决能力。通过"小小调查员""小小售货员""小小理财师"等具体情境中的角色扮演，调查学生对货币知识的了解现状，唤醒学生已有的购物经验，模拟购物演练，分享购物经验，挑战货币百科，将新知识的学习融入生活实践中。在实践中探索，经历完整的购物体验过程，逐步形成学生心中的货币认知版图，积累更加丰富的购物经验，增加国家认同感，培养学生对货币知识相关量的感悟，提升应用意识。具体内容框架如图7-1所示。

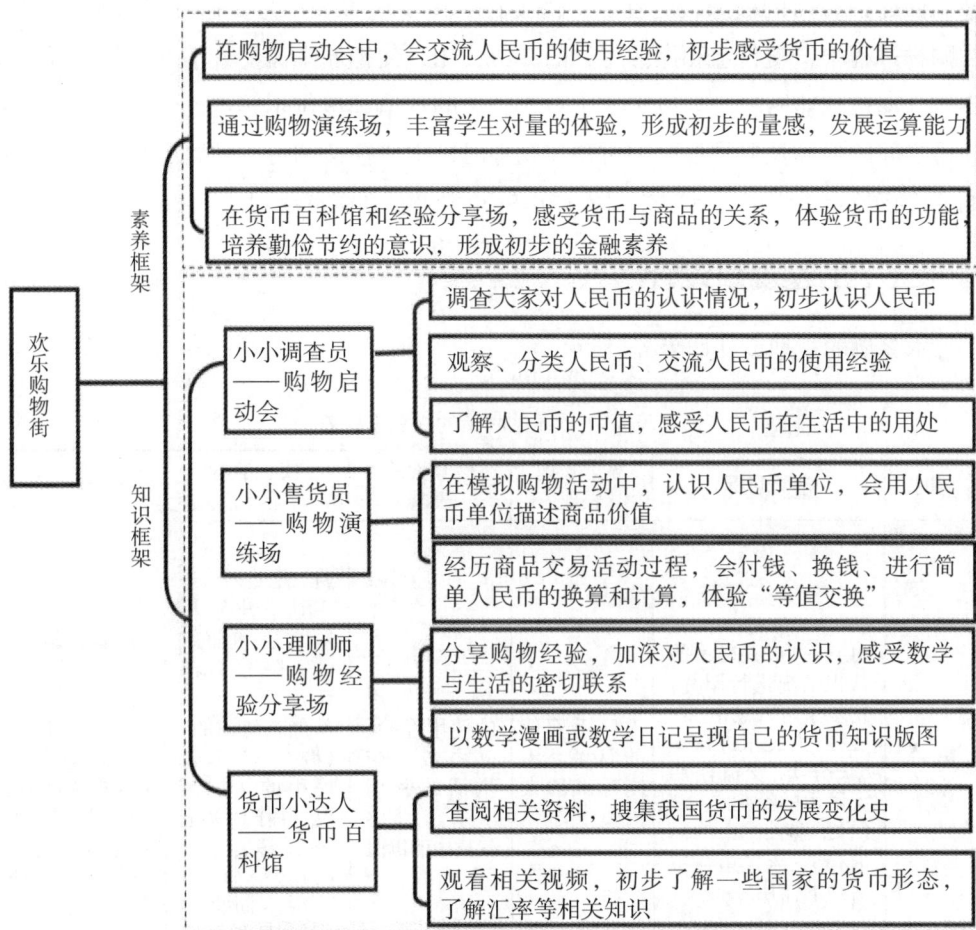

图 7-1 欢乐购物街的内容框架

## （二）核心素养表现

数学新课标将原来数与代数领域中"基本的量"的内容调整到综合与实践领域，其中的货币知识通过欢乐购物街主题活动呈现，凸显其实践性和综合性。该主题基于学生的生活经验，唤醒学生所经历或了解的购物体验，设计购物活动，帮助学生在活动中认识人民币、使用人民币、体验"等值交换"、分享购物经验等过程，培养运算能力，形成初步的量感。在循序渐进的活动中，学生积极参与，体会货币在日常生活中的作用，初步形成应用意识和金融素养。

# 二、学情分析

二年级学生的思维正处于具体运算阶段，对于具体可感知的事物具有较强的兴

趣。然而，货币的概念较为抽象，需要在具体情境中去学习。通过课前调查发现，在购物过程中，支付宝和微信付款的广泛使用，使得原本需要人工计算的付钱、找零等活动被机器所替代。虽然学生对人民币的数值和单位了解得比较清楚，但在人民币之间的换算及购物过程中付钱和找零时，常常模棱两可，频繁出错。因此，我们需要在教学过程中引导学生对人民币的知识进行系统的学习。

## 三、主题规划设计

本案例的规划设计如表7-1所示。

表7-1　欢乐购物街的规划设计表

| 课时 | 学习目标 | 数学知识表现 | 核心素养表现 | 核心学习活动 | 学习评价 |
|---|---|---|---|---|---|
| 第一课时 | (1)通过对人民币的认识情况进行调查，初步了解人民币。<br>(2)对人民币进行观察、分类，交流使用人民币的经验。<br>(3)了解人民币的面值，感受人民币在生活中的作用 | 人民币面值的认识；不同标准的人民币分类 | 交流人民币的使用经验，感悟数学与生活的密切联系，初步感受货币的价值 | (1)看一看，认一认。出示不同材质和面值的人民币，你都认识哪些？你是怎么认识的？(调查学生对人民币的认识情况，并作相关记录，了解学情)<br>(2)分一分，说一说。同桌合作，利用学具摆一摆，分一分 | (1)能大胆、准确地表达自己对人民币的认识；能提出自己的疑惑。<br>(2)能从材质、数字特征、单位等角度进行分类。会倾听他人分享 |
| 第二课时 | (1)在模拟购物活动中，认识人民币单位，并能用人民币单位描述商品价格。<br>(2)通过经历商品交易活动的过程，学会付钱、找钱，进行简单的人民币换算和计算。<br>(3)体验"等值交换"，发展运算能力，培养应用意识 | 人民币的换算及简单计算 | 丰富学生对量的体验，形成初步的量感，发展运算能力，培养应用意识 | (1)分配购物街角色，安排每一个角色的具体任务。<br>(2)进行模拟购物演示：买卖的商品是什么？定价多少？怎么付钱？是否找钱等，并进行记录 | (1)知道自己所扮演角色的具体任务，并进行扮演。<br>(2)能用自己喜欢的方式进行记录，呈现自己的体验与收获，困难与疑惑 |

| 课时 | 学习目标 | 数学知识表现 | 核心素养表现 | 核心学习活动 | 学习评价 |
|---|---|---|---|---|---|
| 第三课时 | (1)能分享购物经验,清楚表达,感受数学与生活的密切联系。<br>(2)会用数学漫画或数学日记等形式呈现自己的货币知识版图 | 人民币的计算及应用 | 感受货币与商品的关系,体验货币的功能,培养勤俭节约的意识 | (1)在周末和家人一起体验一次完整的购物过程。<br>(2)分享自己在模拟活动和生活中的购物验。<br>(3)根据自己的体验完成数学漫画或数学日记 | 能积极参与生活中的购物活动。在分享过程中会表达,能倾听 |
| 第四课时 | (1)查阅相关资料,搜集我国货币的发展变化史,拓宽对货币的认识。<br>(2)初步了解一些国家和地区的货币形态,感知不同的货币 | 我国货币的发展演变历程。其他国家货币的展示 | 了解我国货币知识及其他国家货币,增强国家认同感,形成初步的金融素养 | (1)查找相关资料,了解我国货币发展史。<br>(2)通过视频或绘本阅读了解其他国家的货币 | (1)能按照任务要求查阅相关资料。<br>(2)能对搜集到的资料进行分类并做分享 |

## 四、重点课例设计——小小售货员

【教学内容】小小售货员。

【教学目标】

1.在模拟购物情境中探索并理解人民币元、角、分之间的关系,明白1元＝10角,1角＝10分。

2.在模拟购物情境中学会付款、找零,进行简单的人民币换算和计算。

3.在具体活动中体验"等值交换",发展运算能力,培养应用意识。

【教学重点】理解人民币元、角、分之间的关系,能够正确地换算人民币。

【教学难点】能够进行简单的人民币运算,学会付款、找零。

【教学准备】PPT、人民币教具。

【教学过程】

环节一　情境引入

师：同学们,二年级要组织一场爱心义卖活动。我们班要筹备一个小小售卖店,售卖大家的文具。现在需要一名售货员,谁想来?

生：我来……

师：大家都很积极!但我们要竞聘上岗,当一名售货员要具备哪些知识呢?

生1：会认识钱。

生2：会认识物品上的价钱。

生3：会算账，会找钱。

生4：售货员还必须态度热情，服务周到。

生5：还要会数钱，找钱，要细心，不要弄错。

**师：**你们都是生活小达人。欢迎来到"2.1文具店"开启我们的快乐购物之旅。你们准备好了吗？

生：准备好了。（准备学具人民币）

**环节二 模型建构**

1. 探索元与角的关系。

**师：**出示情境图。

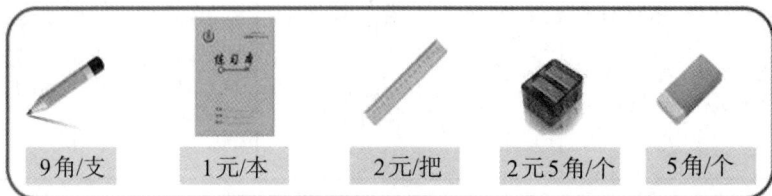

| 9角/支 | 1元/本 | 2元/把 | 2元5角/个 | 5角/个 |

**师：**谁来读一读这些文具的单价？

学生读文具单价。

**师：**我想买一个作业本，该怎么付钱呢？

生1：我拿出2个5角。

生2：我拿出10个1角。

生3：我拿出5个1角，再拿出1个5角。

**师：**一个大作业本是1元，为什么要给老板那么多张钱？

生1：因为10个1角就是1元。

生2：1元＝10角，10角＝1元，所以我只需要凑齐10个1角就可以了。

**师：**听清楚了吗？元与角有什么关系？

生：1元＝10角，10角＝1元。

教师板书：1元＝10角

**师：**看来要付1元钱，只需凑齐10个角就可以了。请用学具试一试吧！

（同桌之间利用学具模拟付1元钱的活动）

2. 探索角与分的关系。

**师：**现在我只有9角，我想买一个大作业本，应该怎么付钱呢？

生：我可以借给你1角。

**师**：再想想，还有其他的支付方式吗?

生1：我可以给你10分!

生2：10分就是1角，1角就是10分。

**师**：给老板10分，这样可以吗? 我还差1角啊。

学生齐声说：1角＝10分。

**师**：原来角和分之间存在这样的关系。板书：1角＝10分。

小结：元、角、分的关系是：1元＝10角，1角＝10分。

3. 元、角、分之间的简单运算。

**师**：李同学想买一支铅笔和一个橡皮，他可以怎样付钱?

生1：橡皮5角，铅笔9角，5角＋9角＝14角，准备14角，可以拿14个1角。

生2：14个1角好麻烦，14角＝10角＋4角，10角＝1元，可以拿出1元和4个1角，这个更简便。

**师**：李同学付了2元钱，要找回多少元?

生1：2元＝20角，20角－14角＝6角，找回6角。

**师**：你们不仅会换算，还会进行运算，真了不起! 敢于接受更大的挑战吗?

4. 小组合作，模拟购物。

**活动要求：**

1人当售货员，2人模拟购物，1人记录。一轮结束后再交换角色。

学生小组自行进行购物活动。

环节三　模型运用

1. 现在你有若干1元、2元、5元，可以怎样拿出10元? 说一说，摆一摆。

生1：我拿两个5元，5元＋5元＝10元。

生2：我拿10个1元就是10元。

生3：我拿5个1元和1个5元。

生4：我拿5个2元。

2. 我说你换。

2元＝（　　　）　　40角＝（　　　）　　3元＝（　　　）　　50分＝（　　　）

生1：2元＝20角。

生2：40角＝4个1元＝8个5角；3元＝300个1分；50分＝5角。

环节四　回顾反思

**师**：通过今天的学习，你有什么收获? 现在你能成为一名合格的售货员吗?

### 环节五 课后测评

关于本案例的评价量表如表7-2所示。

表7-2 "教—学—评"一致性评价量表

| 评价目标 | 评价任务 | 评价标准 |
|---|---|---|
| 认识人民币,并能对人民币进行分类 | 利用学具来认识小面额的人民币,并对小面额人民币进行分类 | 学生能准确认识小面额人民币,能将人民币以材质为标准分成纸币和硬币两类,以单位为标准分成元、角、分三类 |
| 理解人民币元、角、分之间的进率 | 在具体问题情境感悟1元、1角的等值数量,能通过具体的学具操作和计算,明白1元就是10个1角,1角就是10个1分,积累对量的体验,体会十进制在生活中的运用 | (1)学生利用生活经验了解付钱方式,如:1元可以付两个5角,10角就是1元等,从而探索出1元=10角。<br>(2)让学生利用学具去探索1角=10分,从而探索元角分之间十进制的关系 |
| 实践活动,学以致用 | 能在模拟购物中进行单位换算和简单的计算 | 学生能运用元、角、分之间的关系,统一单位并进行计算 |

## ➡ 【典型案例B】曹冲称象的故事 ⬅

## 一、整体内容解读

### (一)内容解读

"曹冲称象的故事"是一个经典的文化典故,通过这个故事,引导学生进行资料查询,感受数学文化的发展历史。从生活经验出发,理解曹冲称象的原理,并结合模拟称象实验,推理解决"为什么当船体的吃水线高度相等时,大象和石头的质量就相等"的问题,体会"曹冲称象"背后隐藏的科学原理及数学知识,真正理解"等量的等量相等"这一基本事实。在探究过程中,领悟到在解决问题时寻找中间量的重要性,进一步发展学生的量感和推理意识,感知数学在社会生活和问题解决中的意义。具体内容框架如图7-2所示。

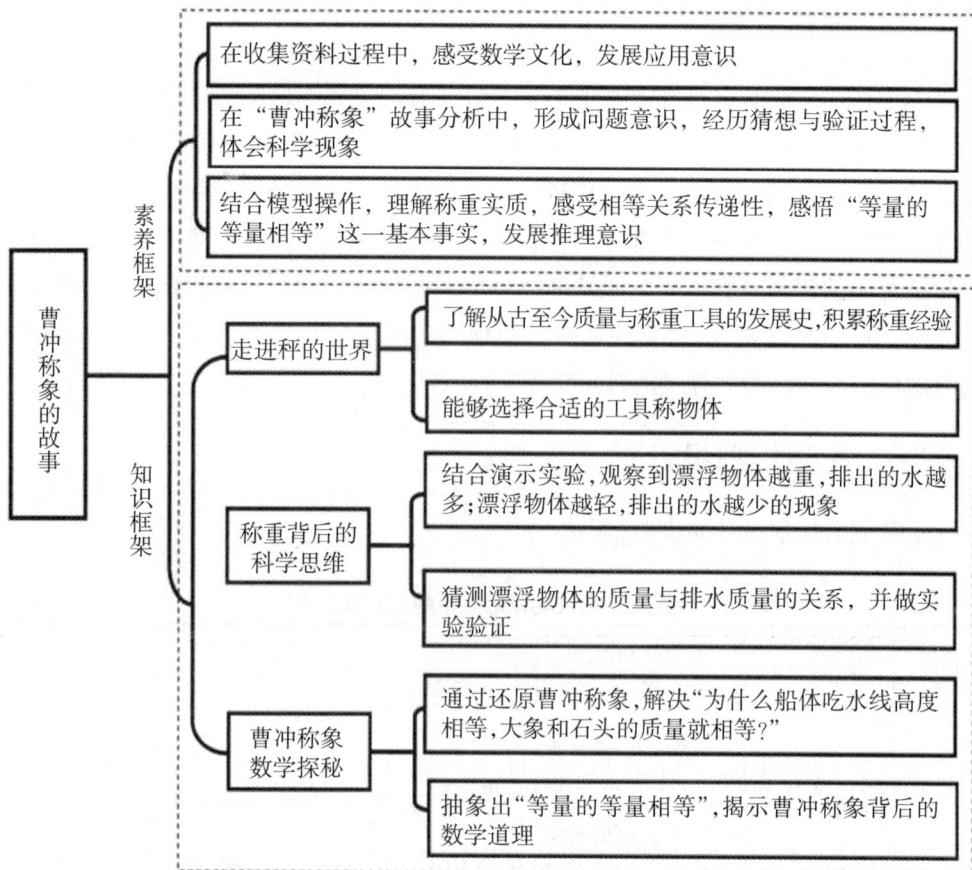

图 7-2 曹冲称象的故事的内容框架

## （二）核心素养表现

"曹冲称象的故事"是一个运用数学知识以及其他学科知识的跨学科主题活动。通过"曹冲称象"这一典故作为研究背景，引导学生联系生活中物体质量的测量经验，经历构建测量思路、设计测量工具以及具体测量的过程，发展学生的量感。在称象过程中，多次引导学生感受和归纳，清晰理解"等量的等量相等"这一基本原理，培养学生的推理意识。同时，也在实验过程中让学生感受到曹冲的独立思考能力与创新意识。通过交流与合作，运用数学及其他学科的知识探索"曹冲称象"故事中的数学原理，感悟数学与其他学科之间的联系，积累活动经验，促进数学思考，体会转化思想，发展核心素养。

## 二、学情分析

学生在二年级时已经在语文课中学习过"曹冲称象"的故事，这个故事着重描绘人物形象，旨在引导学生领略曹冲机敏聪慧的品质。然而，由于当时年龄较小，生活体验有限，他们对于故事的理解往往较为浅显。过渡到四年级后，通过对学生的课前调查，我们发现，大部分学生在回忆"曹冲称象"这个故事时，虽然能够清晰记忆曹冲的智慧及其称象之举，但仅停留在把船作为"秤"的操作层面。他们没有找到"第三个等量"，也无法从数学原理的角度理解和解释称量方法，难以根据已有的生活经验体会"等量的等量相等"这一基本事实。

## 三、主题规划设计

本案例的规划设计如表7-3所示。

表7-3　曹冲称象的故事的规划设计表

| 课时 | 学习目标 | 数学知识表现 | 核心素养表现 | 核心学习活动 | 学习评价 |
|---|---|---|---|---|---|
| 第一课时 | (1)了解称重工具的演变史。(2)通过具体的称重活动，自主选择称重工具，体验"总量等于各分量之和"这一基本原理 | (1)学生在了解称重工具演变过程时，展现出对知识的探索和积累的素养。(2)在自主选择称重工具并感受"总量等于各分量之和"时，理解数量关系，并通过实际操作验证数学原理 | (1)通过查询与收集资料，感悟数学与生活的密切联系，形成初步的数据意识。(2)能够合理选择工具进行测量，培养学生的量感和应用意识 | (1)组织学生收集称重工具。(2)学生根据不同质量的物体选择合适的测量工具来进行测量，并说明原因。 | (1)了解称重工具的演变史。(2)能够根据不同质量的物体选择合适的称重工具。(3)能够理解"总量等于各分量之和"的原理，并将其应用于称量特殊物体 |
| 第二课时 | (1)结合学校科技节纸船承重比赛活动的经验，引导学生提出猜想，培养学生的问题意识。(2)验证猜想，得出结论：物体排开的水的质量＝物体的质量 | (1)提出猜想的过程体现了逻辑推理能力以及归纳能力。(2)验证猜想的过程结合实验现象，凸显了数学等量代换的思想 | (1)结合活动经验，激发学生的问题意识。(2)在验证猜想的过程中，培养学生的模型建构意识以及解决问题的能力 | (1)对科技节纸船称重比赛现象的回顾与分析。讨论：增加重物时，纸船会出现什么现象？减少重物时，纸船会出现什么现象？(2)选择实验材料，初步设计实验实施方案，以验证结论 | (1)能够清晰地分享自己参加纸船称重比赛的体验，并合理提出猜想。(2)结合实验操作，明白物体排开水的质量＝物体的质量 |

| 课时 | 学习目标 | 数学知识表现 | 核心素养表现 | 核心学习活动 | 学习评价 |
|---|---|---|---|---|---|
| 第三课时 | (1)依托曹冲称象的故事，初步理解曹冲是如何测量出庞然大物的质量。<br>(2)通过还原和模拟称象实验，理解"等量的等量相等"这一基本事实。<br>(3)能够利用这两个基本事实来思考现实世界 | (1)曹冲称象的故事，充分展现了数学中的转化思想和等量代换的知识。<br>(2)还原实验过程中测量工具和方法的掌握，以及对数学基本概念的理解。<br>(3)体现了数学的逻辑推理和实际应用能力 | (1)在具体情境中，激发学生从数学角度思考问题，感受解决问题策略的多样性。<br>(2)理解曹冲称象故事背后的科学原理和数学知识，培养科学思维与推理意识。<br>(3)灵活应用基本事实解决数学中的推理问题，增强应用意识 | (1)观看曹冲称象的视频，用生活经验理解称象问题。<br>(2)制作称象的模拟实验，分析现象，用数学的眼光理解称象问题，推理并验证"船体吃水线高度相等，大象和石头的重量就相等"。<br>(3)归纳总结，学以致用 | (1)能够清晰地描述曹冲称象的过程，了解称象的方法。<br>(2)通过还原象的模拟实验，理解"等量的等量相等"这一基本原理。<br>(3)能够灵活地应用"等量的等量相等"来解决数学中的推理问题 |

## 四、重点课例设计——曹冲称象的故事

【教学内容】曹冲称象的故事。

【教学目标】

1. 通过模拟称象实验，推理解决"为什么船体吃水线高度相等，大象和石头的质量就相等"，理解曹冲称象背后隐藏的科学原理及数学知识。学生需要明白在解决问题中寻找中间量的重要性，从而发展学生的推理能力。

2. 在模拟曹冲称象的实验活动中，不断反思，积累丰富的度量活动经验。

3. 能够灵活地应用"等量的等量相等"这一概念，解决数学中的推理问题，培养学生的推理能力、应用意识等数学核心素养。

【教学重点】在生活经验的基础上，理解"吃水线齐平"的数学本质是要"两次排开的水量相等"。通过结合实验和推理，学生能够得出"等量的等量相等"的结论。

【教学难点】从生活经验的角度理解曹冲称象的原理，从数学的角度深入探究，推理并理解"等量的等量相等"。

【教学准备】模型船、接水盘、大象模型、石头、天平、水、水杯。

【教学过程】

环节一 情境引入

依托历史典故，回顾曹冲称象的故事，通过对话形式聚焦故事的关键点：吃水线高度。

**师**：你知道曹冲称象的故事吗？

**生**：知道。

**师**：今天我们从数学的角度，再来研究一下曹冲称象这件事。曹冲是怎么知道大象的重量的呢？请你先看视频，再回答这个问题。

教师播放视频，学生认真观看视频。

**生**：他先把大象赶上船，在船身吃水线的位置画一根线，再把大象赶下船，放一些石头在船上，使船的吃水线与画的线齐平。然后称量石头的重量，就知道大象有多重了。

**师追问**：为什么大象的重量就等于石头的重量呢？

**生**：因为石头压船的吃水线高度和大象压船的吃水线高度一样，所以大象的重量等于石头的重量。

教师板书：吃水线高度相等——大象重量=石头重量

**环节二　感悟原理**

1.利用生活经验解释称象问题，探索曹冲称象中船体内质量与吃水线高度之间的关系。

**师**：谁有坐船的生活经验？根据你的生活经验，你知道船体吃水线高度和船里物体质量有什么关系吗？

**生1**：我有坐船经验，船体里的东西越轻，吃水线越浅；东西越重，吃水线就越深。

**生2**：我也有坐船的经验，船体内物体质量越轻，船陷入水中的程度越小，吃水线高度越低；物体质量越重，船体陷入水中的程度越大，吃水线越高。

**师**：如果吃水线高度相等，说明了什么？

**生**：说明里面装的东西一样重。

**师**：看来同学们和曹冲一样善于思考，如果你们穿越到古代，也会像曹冲一样，用生活经验解决称象的难题。

2.利用科学设计的方法，模拟实验再现曹冲称象的过程，结合每一步的现象，思考与分析现象背后的数学道理。

**师**：我们用生活经验解释了为什么大象的质量＝石头的质量，吃水线高度是我们观察到的现象，这个现象背后的数学道理是什么呢？现在我们从数学的角度来探究：为什么船体吃水线高度相等，大象和石头的重量就相等呢？

学生沉默不语，面面相觑。

**师**：这样，我们来做个实验，还原曹冲称象的过程，看能不能找到现象背后的

道理。

准备实验材料：模型船、接水盘、大象、石头、天平、水、水杯。

**师：**请看这里。（船浮在水面，水槽水满）这个盒子代表船，船现在漂浮在水面。曹冲第一步是怎么做的？

**生：**把大象赶上船。

**师：**想一想，把大象赶上船，会发生什么现象？

**生：**船会下沉，水会溢出来。

水溢出来一些，教师引导学生观察船身吃水线高度读数并记录，再把大象排出来的水装在杯子里。

**师：**现在我们该怎么做？

**生：**把大象赶下来，再把石头放上船。

**师：**将大象赶下来，将水槽的水加满。

**师：**现在我们把石头一块一块往船里加，直到吃水线和之前的高度齐平。

教师操作，水再次溢出，教师引导学生观察船身吃水线高度读数并记录，再把石头排出来的水装在另一个杯子里，学生认真观察。

**师：**大象和石头都上了船，排出来一些水。你觉得，大象排出来的水和石头排出来的水哪个多？

**生：**一样多。因为两次吃水线高度相等，所以排出来的水是一样多的。

教师现场把两杯水放在天平左右两边，两杯水相差1克。

**师：**啊？大象和石头排出来的水不相等，和我们刚才的推测结果不一样。到底两次排水量是否相等呢？

**生：**是相等的。因为做实验的时候，排出来的水没有完全被收集起来，有的水沾在船底，所以实验有误差。

**师：**非常好。接下来请小组同学，再认真结合模型工具进行实验操作和讲述。

小组合作还原称象实验。

3.数学知识与科学知识相联系，在讲解、讨论、分析的过程中，感受总量等于各分量之和，等量的等量相等这两个基本的数学原理。

**师：**通过对实验过程的还原，请大家再认真思考：为什么吃水线高度相等，大象和石头的质量就相等？

**生：**科学课上我们学过，物体漂浮的时候，大象的重量＝排出水的重量，石头的质量＝排出水的质量。两堆水的质量相等，那么大象的质量就等于石头的质量。

教师板书：

$$大象的质量＝大象排水量 \atop 石头的质量＝石头排水量 \atop 大象排水量＝石头排水量$$ 大象的质量＝石头的质量

**师**：推理得有道理，你懂她的意思了吗？吃水线高度相等其实是为了保证什么东西要一样多？

**生**：吃水线高度相等是要保证两次排水量一样多。

**师**：非常厉害，你们现在已经找到了吃水线背后的排水量了，而且用科学知识和推理，清楚地解释了为什么大象质量＝石头质量。大象质量和石头质量本没有什么关系，我们通过找到一个中间量——排水量，连接起了大象和石头的质量。

**环节三　突出本质**

**师**：曹冲利用等量相等的原理，解决了称象的难题。其实你们和曹冲一样聪明，6岁的时候就已经会用等量相等来解决问题了。

**师**：回忆一下我们在一年级时遇到的问题，你当时是怎么解决的？

请看图，找出三组相等的量。

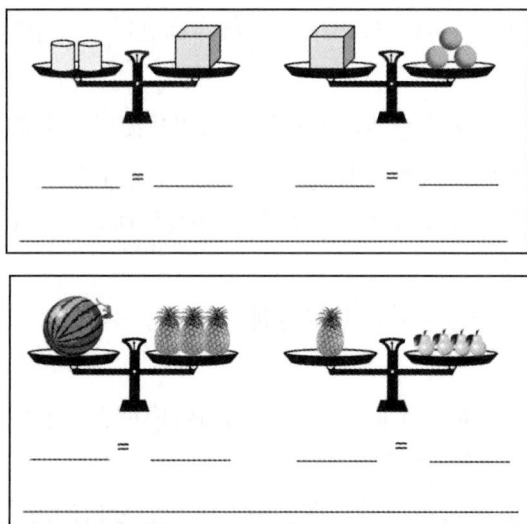

学生独立思考，并完成。

**生1**：因为2个圆柱的重量＝1个正方体的重量，而1个正方体的重量＝3个球体的重量，所以2个圆柱的重量等于3个球体的重量。

**生2**：1个西瓜的重量＝3个菠萝的重量，1个菠萝的重量＝4个梨的质量，因此3个菠萝的重量＝12个梨的重量，所以1个西瓜的重量＝12个梨的重量。

**师**：看来同学们已经感受到了中间量的重要性。对于有中间量的情况，可以直

接利用中间量建立其他量之间的关系；在没有直接中间量时，我们可以创造一个中间等量，再进一步找到其余两个量的相等关系。

### 环节四 课后测评

关于本案例的评价量表如表7-4所示。

表7-4 "教—学—评"一致性评价量表

| 评价目标 | 评价任务 | 评价标准 |
|---|---|---|
| 通过课前收集材料，了解称重技术的发展历史，感受中华优秀传统文化，并探讨称重技术对社会生产和科学研究的影响 | 能够有效梳理古代称重技术的发展脉络，比较不同时期称重技术的特点和进步 | 能通过多种方式进行查阅；善于倾听，乐于表达 |
| 结合生活经验，利用科学设计的方法，模拟实验再现曹冲称象的过程，从中感悟两个基本的数学原理 | （1）结合实验，详细剖析曹冲称象中体现的等量替换和浮力原理的细节。<br>（2）感悟数学基本事实——等量的等量相等，理解其本质 | 能够设计曹冲称象的还原实验；能够进行有效的实验操作，结合实验过程感受量与量之间的关系，领悟数学的基本原理 |
| 归纳总结，知识发散与迁移，突出数学本质 | 有效思考如何将这些原理用于解决其他数学实际问题 | 能否正确识别等量关系，并在不同的情境中运用该原理进行推理 |

→ **【典型案例C】体育中的数学** ←

## 一、整体内容解读

### （一）内容解读

体育中的数学是综合与实践领域第三学段的主题活动，以"'蓉'耀天府，'城'就梦想——畅游中超联赛"为主题方案。选题切入点在于以"中超联赛"为切入，在现实背景中构建学习情境，激发学生的生活化情感，从而将抽象的数学知识具体化。具体内容框架如图7-3所示。

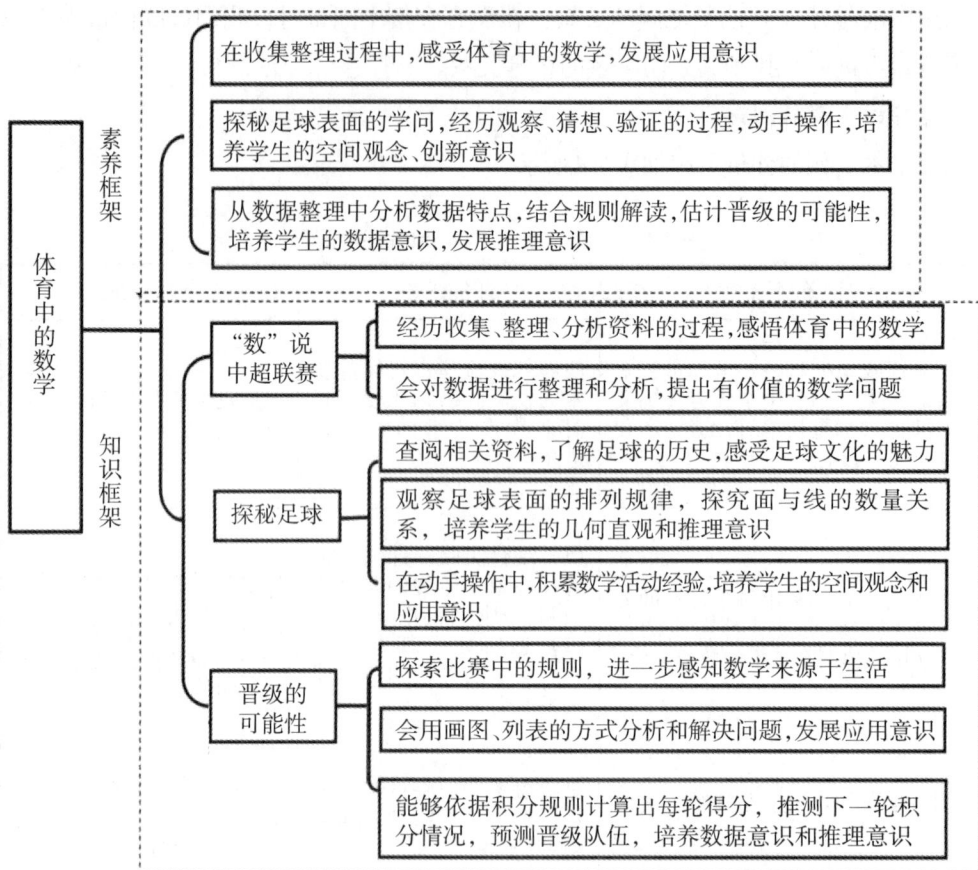

图7-3 体育中的数学的内容框架

## （二）素养表现

在体育中结合数学，关注现实问题，确定学习主题，不涉及新知识的学习，重点在于运用数学和其他学科知识综合解决问题。借助2023年中超联赛的现实背景，让学生查找相关资料，提出有价值的数学问题，感受数学与体育的密切联系，逐步培养从数学角度观察现实世界的意识与习惯，发展空间观念、几何直观和创新意识。通过交流与合作，运用数学及其他学科的知识解决体育中的数学问题，感悟数学与其他学科间的联系，增强学生的应用意识和创新意识，体会数学在体育中的应用。

## 二、学情分析

根据高年级学生的年龄和心智发展特点，学生已经具备了一定的收集、整理和分析信息的能力。其思维和语言表达能力也得到了相应的发展，能够感知数学与生

活的联系，并用数学的视角分析和解决问题。足球是孩子们熟悉的事物，许多学生有观看足球比赛或参与踢足球的经验。然而，他们对足球的起源、发展和构造了解甚少，因此难以将足球与数学联系起来。足球赛事能够引起大部分同学的关注，激发他们的求知欲和探究欲，从而促进他们综合应用数学及其他学科知识来解决实际问题。

## 三、主题规划设计

本案例的规划设计如表7-5所示。

表7-5 体育中的数学的规划设计表

| 课时 | 学习目标 | 数学知识表现 | 核心素养表现 | 核心学习活动 | 学习评价 |
|---|---|---|---|---|---|
| 第一课时 | 结合中超联赛的现实背景，经历收集、整理、分析资料的过程，体会生活中处处有数学 | 资料收集和分享展示 | 交流搜集的资料，感悟数学与生活的密切联系，形成初步的数据意识 | (1)收集有关中超联赛中与数学有关的资料。(2)交流谈论：对资料进行分类整理 | (1)了解简单的收集数据的方法，会呈现数据整理的结果。(2)会合作，会倾听，会表达 |
| 第二课时 | (1)借助中超联赛的背景，了解足球的发展演变历史，感受足球文化的魅力。(2)运用数学或其他学科的知识解决问题，培养学生的探究精神和应用意识 | (1)了解足球的起源与发展史。(2)观察足球的表面，探究面块的排列规律与数量。(3)制作足球并分享制作技巧 | 在动手操作和问题解决的过程中，积累数学活动经验，培养学生的运算能力、几何直观、推理意识、数据意识和创新意识 | (1)分享足球发展史。(2)黑面、白面的数量和排列规律探究。(3)小组合作齐动手：根据探究的黑面和白面排列规律，尝试足球DIY | (1)能清楚流畅分享所收集的资料。(2)清楚、有序地表达足球表面的排列规律。(3)能利用规律，动手操作 |
| 第三课时 | (1)探索比赛中的规则，进一步感受数学来源于生活。(2)学生在具体情境中经历调查和统计数据的过程，能够根据积分规则计算出每轮得分，并推测下一轮积分情况，预测晋级队伍 | 根据常规赛的比赛规则，运用数学及其他学科知识解决得分问题 | 在解决问题中培养应用意识和推理意识 | (1)解读积分规则。(2)收集成都蓉城队每一轮的比赛情况，完成积分表格。(3)根据表格，绘制统计图。(4)推测后续赛事积分情况，预测晋级可能性 | (1)知道规则，会用合适的方法解决问题。(2)根据积分规则及积分情况，推算晋级的可能性 |

## 四、重点课例设计——探秘足球

**【教学内容】** 探秘足球。

**【教学目标】**

1. 通过课前收集材料，了解中国足球的历史以及足球中的奥秘，感受中华优秀传统文化，增强民族自信心。

2. 通过交流与合作，运用数学和其他学科的知识解决问题，培养学生的探究精神和应用意识。

3. 在动手操作和问题解决的过程中，积累数学活动经验，培养学生的运算能力、几何直观、推理能力、数据意识和创新意识。

**【教学重点】** 探究足球中黑白面排列的规律。

**【教学难点】** 运用规律计算面的数量与边的数量，以及足球DIY。

**【教学准备】** 学生收集足球起源与发展的相关资料；实物足球；足球DIY材料；课件及音视频等。

**【教学过程】**

**环节一  感受足球文化**

展示中超联赛视频。

**师：** 激动吗？今天我们就带着激动的心情来探究足球的奥秘。关于足球，你都知道哪些知识？

**生：** 分享关于足球的起源与发展史。

**师：** 足球起源于中国，从古至今，经过发展演变，已经成为国人特别关注的一项体育运动。足球带给大家快乐、勇气和希望，每一场比赛都是力量与智慧的较量，文明的火花在其中闪烁。足球比赛总能让大家热血沸腾，而对足球的探究也将开启我们的智慧之旅。

**环节二  积累活动经验**

1. 认识足球的表面。

**师：** 请大家拿出足球。在观察之前，请思考一下，你想从哪些角度进行观察？

**生：** 颜色、形状、材质、顶点、线条……

**师：** 我们就先从最明显的颜色开始观察吧。

**生：** 有黑色和白色。

**师：** 请仔细观察黑色的面和白色的面，我相信你能发现其中的奥秘。

**生：** 黑色的面有5条边，白色的面有6条边。

师：你观察得非常仔细。黑色的面由5条边组成，而且这5条边的长度完全相等，我们称它为正五边形。那么白色的面由6条相等的边组成，我们称它为？

生：正六边形。

2. 探究面的排列。

师：你们能分别数出黑面和白面的个数吗？请你们马上数一数。

生：汇报，黑面有12个，白面有20个。

师：刚刚孩子们用到了数的方法，那你们能通过计算得出黑面和白面的个数吗？

小组合作：观察黑面和白面的排列规律，找到规律后用简洁的算式计算它们的个数。

小组汇报要求：我找到的规律是（　　　），我列出的算式是（　　　），你们听懂了吗？有什么意见和建议？

生1：每个黑面与5个白面相连，每个白面与3个黑面相连。

生2：将足球从中横截，每一部分都有1+5=6个黑面，一共有6×2=12个。每个黑色五边形旁边都有五个白色六边形。如果按照这个规律的话，白色六边形就是5×12=60个。但是，每个白色六边形都会被三个黑色五边形重复使用。因此，白色六边形的正确数量是60÷3=20个。

生3：一个完整的足球由12个黑色面和20个白色面组成，一共有12+20=32个面。

师：你们不仅能够用数学的思维进行思考，还能够用数学的语言进行表达，真了不起。孩子们从不同角度进行观察，探究出了黑色面和白色面的排列规律，并快速计算出了它们的个数，为你们点赞。

师：在黑板上板书。

黑色五边形：12个

白色六边形：20个

3. 研究边的数量。

师：通过观察和计算，我们知道黑色五边形有12个，白色六边形有20个。你能计算出这个足球一共有多少条边吗？

生：（独立完成后汇报）黑色五边形：每个图形有5条边，12个图形就有12个5，12×5=60（条）。白色六边形：每个图形有6条边，20个图形就有20个6，20×6=120（条）。所以，总共有120+60=180（条）。

师：再观察一下，这些边中有没有重复的？

生：两个面共用一条边，所以要除以2，即180÷2=90（条）。

### 环节三　发展应用意识

师：通过观察和推理，我们了解了白色和黑色面的数量及排列规律。现在我们要运用这些知识来动手制作足球。需要准备哪些材料呢？

生：12个五边形和20个六边形。

小组合作动手操作。

师：完成制作的小组，请与大家分享你们的制作技巧。

师：这节课和我们以前的数学课一样吗？你有什么想说的？

生：这节课很好玩，很有趣，原来足球的表面蕴含着这么多道理。

生：我们探究出白色和黑色面的排列规律，并根据规律来拼装足球，这非常考验大家的思考能力和动手能力。看来以后都要学以致用啊。

师：听了大家的分享，老师也很有感触。我们从中超联赛中感受到了足球的魅力，在收集资料中感悟文化的传承，在探究活动中体验数学的奥妙。在大家的智慧碰撞中，足球的秘密早已揭开。希望大家秉持探究精神，开启智慧之道。在探究足球的过程中，运用数学知识解决实际问题，最后手脑并用，制作足球。数学无处不在，希望大家带着好奇心和求知欲去探究大千世界。

### 环节四　课后测评

关于本案例的评价量表如表7-6所示。

表7-6　"教—学—评"一致性评价量表

| 评价目标 | 评价任务 | 评价标准 |
| --- | --- | --- |
| 通过课前收集材料，了解中国足球的历史，感受中华优秀传统文化 | 会收集整理中国足球发展史 | 能采取多种方式收集资料；清楚表达，善于倾听 |
| 经历问题解决的过程，积累数学活动经验，培养学生的运算能力、几何直观和推理意识 | （1）观察足球表面的颜色，从不同颜色中抽象出图形。（2）探究面的个数和排列规律 | 能从不同角度进行观察，能抽象出图形；能合作交流，表示面的个数，推理计算边的数量 |
| 动手制作足球，发展应用意识 | 根据面的排列规律，小组合作，动手操作，拼接足球 | 分别以黑色五边形和白色六边形为中心，通过其排列规律，拼接足球 |

# 后　记

让"评价"在教学中"发声"，而且要掷地有声。长达10个月的撰写工作，是作者团队一次关于"教学评价"改革的一次总结与提炼。

从讨论选题到组建作者团队，再到构建整体框架，作者团队对撰写工作作了反复推敲与多方论证；从各章编写提纲的讨论到审定，从各章初稿提交再到审稿与校对，作者们也度过了许多次周末"聚会"的美好时光。

本书的出版意味着作者撰写本书的初心已经实现，对"教—学—评"一致性的探索迈出了坚实的一步。当然，本次撰写也留下了些许遗憾，比如"典型案例设计"由于篇幅所限没有做到全覆盖，新版教材的面世仅限于一年级上册，虽然解决了原教材案例范本的问题，但也为后续调整留有余地。

"教—学—评"一致性的实践任重而道远，我们期待有更多的小学数学教育工作者加入"教—学—评"一致性的研究与实践中，倾听他们在面对新课标、使用新版教材中遇到的问题和困惑，为本书以后再版提供更有实践价值的意见与素材。

感谢本书所有作者的辛勤付出，特别感谢金堂县实验小学伍秋菊书记、周玉凤校长在本书的撰写过程中给予的大力支持与鼓励，使得本书得以顺利出版。特别鸣谢金堂县教科院张通平院长、罗军副院长以及幼教小学部周涛部长对本书撰写给予的帮助与指导。

2024年7月